안반수의경 · 도지경

禪典叢書 ⑦

# 안반수의경·도지경

안세고 漢譯
석법성 譯註

운주사

# 역자 서문

부처님께서는 "마음을 다스리는 선정禪定 공부의 방법은, 넓은 의미로는 무량한 방법이 있고, 좁은 의미로는 108가지의 선정·삼매의 방법이 있으며, 또한 8만4천 가지의 방법이 있다."라고 말씀하셨다. 이처럼 많은 이유는, 중생의 근기와 병에 따라 약을 주는 수병여약隨病與藥의 불법佛法 처방 때문이다. 그중 가장 오래되고 가장 기초적인 방법으로서 안반수의安般守意를 빼놓을 수 없다. 안반수의는 일반적으로 우리들이 잘 아는 수식관을 말한다. 이는 부처님께서 처음 수행하실 때 수식관을 통해 마음을 수렴收斂했던 중요한 공부로서, 부처님 당시에 비구승들에게도 닦도록 가르치셨던 근본적인 선정법이다.

  지금 우리가 『불설대안반수의경』을 접할 수 있는 것은 중국의 동한 시대(서기 115~219년)에 불경이 두 계통으로 전래되어 번역되었기 때문이다. 즉 안세고 스님의 소승선경小乘禪經 계통과 지루가참 스님의 반야경般若經 계통이 그것이다. 양나라 승우 스님의 『출삼장기집·안세고전』에 의하면 삼장 안세고 스님은 아비담학과 선경을 통달했다고 전한다. 특히 『불설대안반수의경』은 통상적으로 소승선경의 대표적인 경전으로 불리고 있다. 그 이유는 지관쌍수止觀雙修의 안반관(수식관)으로 소승선법의 기본요지를 모두 반영하고 있는 게 특징이기 때문이다. 또한 『불설대안반수의경』은 조기早期의 소승선경으로서, 중국불교 선종사에 있어서도 선종사상의 형성·발전에 지대한 영향을 주었다. 그 가운데 동진 도안 스님의 선관사상과 우리에게 많이 알려진 수대 지자 대사의 『석선바라밀』 등에 큰 영향을 끼쳤다.

그리고 『도지경道地經』은 안세고 스님의 『안반수의경』 및 『음지입경』·『선행법상경』과 마찬가지로 지관止觀 등 선의 수지법문修持法門에 대한 간략한 요지로서, 유가(yoga) 관행觀行의 대요大要를 7장으로 구분하여 설명하고 있다. 특히 제5장에서 윤회전생輪廻轉生에 있어서 5음의 성패와 연관 지어 태내에서 약 9개월간 태아로서 성장 발육하는 과정을 상세히 설명하고 있는 게 놀랍다. 혹자는 현대의 생명발생학적인 관점으로 본다면 특별한 게 아니라고 말할지도 모르겠지만, 현미경(1608년에 발명)이나 전자현미경(1935년에 발명)도 없었던 그 당시(한역漢譯 당시인 2세기경) 이전에 이미 이런 생명발생학적인 과정을 상세히 설명했다는 건 불가사의한 일이 아닐 수 없다. 이처럼 불경의 말씀을 대할 때마다 누구이 놀라움을 금치 못하는데, 어찌 믿지 않고 받아들이지 않을 수 있겠는가! 제6장에서는 지·관을 간략히 서술하였고, 제7장에서는 입출식入出息의 정定에 들려면 먼저 몸을 관해야 하는 55관觀 등을 위주로 설한 게 특색이다.

역자가 『안반수의경』과 『도지경』을 번역하게 된 동기는, 소승은 물론이고 대승의 현교든 밀교든, 성취를 이루기 위해서는 선정의 가장 근본적인 수행방법인 수식·지관을 통하지 않을 수 없기 때문이다. 또한 선법禪法의 바른 길은 우선 선정으로 지혜를 얻고 악인연을 벗어나 해탈에 도달하는 정혜쌍수의 길이기 때문이다. 그리고 미흡하지만 역자가 이미 『대승선경』을 엮어 내놓은 게 있기 때문에 『안반수의경』과 『도지경』을 통해 독자들에게 소승선경의 진수를 전하고자 하는 마음이 있었고, 또한 선수행을 행하는 불자라면 누구든 기본적으로 꼭 공부해야 할 선경이라고 판단했기 때문이다.

역자가 번역에 있어서 어려웠던 점은, 안세고 스님의 역경은 중국불교 역경사譯經史에 있어서 초기의 과정이었기 때문에 용어 사용에 있어서 범어의 중국어 음역音譯을 많이 사용한 점이 난해하였다. 또한 번역은 본래 직역을 하고자 하였지만, 내용이 너무 간결하고 의미를 함축한 게 많았기 때문에 부득이하게 의미를 풀어서 의역을 한 부분도 있음을 밝힌다. 역주에 있어 부족한 면은 독자 여러분의 지도편달을 바라는 바이다. 그리고 항상 기꺼이 출판을 맡아주시는 도서출판 운주사 김시열 대표에게 감사드린다.

2018년 6월 법(Dharma)의 한강에서
석법성釋法性

## 일러두기

1. 본서는 대만 중화전자불전협회中華電子佛典協會의 신수대장경(CBETA)에 실린 『불설대안반수의경佛說大安般守意經』 상하 2권 및 『도지경道地經』 권1을 저본으로 삼아 번역하였다.

2. 번역은 직역을 기본으로 하되,『불설대안반수의경』의 경우 원문이 너무 간단하여 직역만으로 이해하기가 곤란한 부분은 약간의 의역을 하기도 하였다. 물론 『도지경』도 부분적으로 마찬가지이다.

3. ( )는 ①의미전달 상 필요한 의역 부분을 ( ) 안에다 부연·서술하였다.
   ②어휘를 풀어서 의미를 전달했을 경우에 ( ) 안에다 한자 어휘를 넣었다.

# 도지경道地經

安般守意經

불설대안반수의경

후한 안식국 삼장 안세고 漢譯
석법성 譯註

●해제

『불설대안반수의경佛說大安般守意經』(상하 2권)은 신수대장경 제15
책에 수록되어 있다. 일명『안반경安般經』이라고도 한다. 본 경전은
조기부期의 선경禪經 중에서 가장 영향력이 큰 경이다. 처음 중국에
전해진 것은 후한 때에 안식국(安息國: 고대 이란계 왕국인 파르티아)의
국왕 출신인 안세고安世高 스님에 의해 한역漢譯되면서부터이다. 그
는 동한東漢 환제桓帝 건화建和 2년(서기 148)에 서역의 여러 나라를
경유하여 낙양에 이르러 역경譯經을 시작하였고, 영제靈帝 건영建寧
3년(서기 170)까지 20여 년 동안 약 34부 41권의 경전을 번역하였는데,
현존하는 경전은 약 22부 26권이라고 한다. 그중 선법禪法에 관한
경전으로는 『안반수의경安般守意經』·『도지경道地經』·『선행법상경
禪行法想經』·『음지입경陰持入經』등이 대표적이다.

　안세고 스님의 사상체계는 인도 부파불교 상좌부 계통의 설일체유
부說一切有部의 아비담학이지만, 그는 선경에도 정통한 학자였다.
안세고는 중국불교사에 있어서 경전 한역漢譯의 창시자라고도 할
수 있다. 그의 대·소『안반수의경』은 중국불교 초기에 처음 전해지기
시작한 소승선경의 선학禪學이며, 또한 중국불교사에서 가장 오래된
선법禪法이기도 하다. 당시 중국 황실과 일반신도들은 모두 제사祭祀
및 복덕을 위한 기도 중심의 신앙信仰이 대부분이었다. 그런데 일부

자각自覺한 신도들은 수행 위주의 신행信行을 절실히 요구했기 때문에 안세고는 그들을 위해서 지관止觀법문에 관한 경론을 번역하게 되었다고 한다. 이는 주로 정정과 혜慧 두 가지 측면에 중점을 둔 학설로서, 정학定學으로는 선법禪法이었고 혜학慧學으로는 수법(數法: 아비담으로부터 얻은 명칭)이었다.

특히 『불설대안반수의경』에 나타난 대표적인 선법은 4념처를 사용한 5정심관五停心觀 중 하나인 수식관이다. 경經의 표제標題에서 말하는 안반安般이란 범어 아나빠나(ānāpāna)의 음역을 약칭한 것이고, 의미는 입출식념入出息念을 뜻한다. 아나(安那, āna)는 입식(入息, 들숨)이고, 반나(般那, apāna)는 출식(出息, 날숨)을 말한다. 즉 본 경전의 내용은 좌선을 할 때 수식관(ānāpāna-smṛti)을 행하여 산란한 마음을 다잡아 집중하여 선정에 드는 법문이니, 안반법문이 바로 수식관인 것이다. 수식관이란 호흡과 숫자를 따르는 관법이다. 다시 말해 1의 숫자에서 10에까지 이르고, 반복하여 호흡의 출입식을 따르기 때문에 다른 의식이 없고 잡념의 망상을 쉴 수 있어 이를 수식관이라고 한다. 또한 아나반나관(阿那般那, ānāpāna-smṛti), 안반수의安般守意, 안반安般이라고도 한다.

한편 본 경전은 비록 제목이 경(sūtra)이지만 그 내용과 체계는 논(śāstra)의 형식을 띠고 있다. 내용 구성상 중요한 선법禪法의 요지로는 안반의 의미·안반의 차별상·안반의 인연·안반의 수습법修習法·안반의 16특승特勝·안반의 득익·안반에서 금해야 할 심리적인 18번뇌 등을 밝히고 있다. 이 중에 안반(수식) 차별상의 6사六事-6묘문六妙門이 안반의 핵심이다. 즉 수식數息·상수相隨·지止·관觀·환還·정

淨이다. 앞의 세 가지는 지문止門이고, 뒤의 세 가지는 관문觀門이다. 이 6문은 6정六情의 불안정안 심리를 치유하는 방법으로서 4선四禪을 통하는 문이기도 하다. 또한 37도품과 모두 연결되었고 동시에 4제四諦의 이치를 깨닫도록 제시하고 있다.

『불설대안반수의경』에서 말하는 4선四禪은 다음과 같다. 우선 제1선一禪이 수식(數息, gaṇanā)의 성과이다. 그 실천방법은 마음을 집중한 계심繫心을 호흡과 숫자 1에서 10에까지 집중시키는 것으로, 제1선에 도달한 경계는 적정하고 다른 잡념이 없으며, 마치 죽은 것 같은 심리상태이다. 제2선二禪은 상수(相隨, anugama)의 성과이다. 의념意念을 호흡의 출입 동작에다 집중시켜 가는 과정으로, 제2선의 경계境界는 번뇌를 소멸하여 마음이 청정해지는 것이다. 제3선三禪은 지(止, sthāna)의 성과이다. 코끝에다 주의(집중)를 지속하는 것으로, 제3선의 경계는 지止를 행하여 3독·5음 등의 모든 악의惡意의 더러움이 소멸되는 상태이다. 제4선四禪은 관(觀, upalakṣana)의 성과이다. 관은 몸을 머리에서 발까지 관하고 반복하여 통찰하면서 신체의 더러움을 인식하는 것이다. 이는 자신의 신체를 내관內觀으로 관철하고 나서 외적인 사물을 보면 모두 영원하지 못한 줄 알게 되고, 더 나아가 불법승 삼보를 믿게 된다. 바꿔 말하면 4선四禪에 있어서 수식과 상수는 방법이고, 지와 관은 정의(定意: 선정의 마음)를 얻기 위한 목적이다. 모든 무명의 어리석음이 다 밝아진 후 좌선수식은 섭심攝心을 하여 마음을 본연의 자리로 되돌려(환還의 경계), 모든 악의의 5음이 소멸되고, 그 마음은 무상無想의 상태(정淨의 경계)이니, 이를 환(還, vivartanā)·정(淨, pariṣuddhi)이라고 한다. 안반을 얻은 수행자는 미혹한 마음에서 곧바로 본연의 청정무위심(보리심)으로 환원된다. 이는 안반수의의 이상경계理想境界에 들어가는 것이 곧 열반에 들어가는 길임을 천명하고 있는 것이다.

오늘날 선정사禪定史에서는 안반수의를 소승선으로 보고 있지만, 사실『불설대안반수의경』에서 표명하는 지관쌍수止觀雙修의 안반관(수식관)은 대·소승을 떠나 선법의 기본 요지를 모두 반영하고 있는 게 특징이다. 또『불설대안반수의경』에서는 수식數息을 앉아서 행한다고 하여 좌선수식을 주장하고 있는데, 이는 중국불교의 선종사에 처음 나타난 좌선방법으로서 후대의 선종에 지대한 영향을 끼쳤다.

# 불설대안반수의경 권상

## 서론(序分) – 연기

(어느 때인가) 부처님께서 월지국越祇國[1] 사기수국舍羇瘦國[2]에 계셨는

---

1 월지국越祇國: 범어 Vṛji의 음역이고 일명 발지국跋祇國이라고도 한다. 부처님
당시 인도의 16대국 중 하나이다. 또한 중인도 북부의 종족 이름이기도 하다.
『장아함·유행경遊行經』 권2에 의하면 마갈타(Magadha)국의 아사세(阿闍世,
Ajātaśatru) 왕이 월지국(발지국)을 정벌하고자 먼저 대신 우사(禹舍, Varṣakāra)
를 부처님께 보내 자문을 청하였다. 그때 부처님께서는 월지국 사람들은 일곱
가지 불퇴법不退法을 갖추고 있어 그 국가는 오랫동안 안녕하고 침해를 입지
않는다고 만류하셨다. 그 일곱 가지란, ①백성들이 서로 집회를 열어 올바른
일(正事)을 논의함, ②임금과 신하는 서로 화목하며 순응하고 상하가 서로 공경함,
③법을 준수하고 금기를 알고 예법을 어기지 않음, ④부모에게 효도하는 일을
봉행하고 웃어른을 따르며 공경함, ⑤종묘宗廟를 받들고 조상을 공경함, ⑥규방閨
房의 내실이 올바르고 청정하여 오염됨이 없음, ⑦사문의 종사宗事를 우러러보고
옹호함을 게으르지 않게 함이다.
또는 월지국은 월씨국月氏國의 고역古譯이기도 하다. 이 경이 역출될 당시는
월씨국의 전성기였다.(사마천의 『사기』에 따르면, 월씨 종족은 원래 중국의 감숙성

데, 또는 (사기수국을) 일명 차익가라국遮匿迦羅國이라고 말하기도 한다. 그 당시 부처님께서는 90일 동안 앉아서 안반수의安般守意를 행하셨다. 부처님께서 다시 홀로 90일간 앉아 (안반수의를) 하신 것은 선정의 사유로 통찰하여 (어떻게 하면) 시방의 인간 및 날고 기는 작은 형체의 미물(蜎飛蠕動)[3]들까지도 제도하고 해탈케 할 것인가를 헤아리신 것이다. (그리고 나서) 다시 말씀하시기를 "내가 안반수의를 90일간 행한 것은, 안반수의로 자재한 자념慈念의 마음을 얻은 것이며, 다시 안반수의를 행하여 또한 의념(意)[4]을 수렴하고

---

돈황과 기련산 사이에 살다가 B.C. 174년에 흉노, B.C. 158년경에 다시 오손烏孫의 침략을 받아 지금의 사마르칸트 지방에 근거를 정하고, 후에 대하국大夏國을 정복하여 대 왕국을 건설하였다.) 역자인 안세고는 안식국(安息, 파르티아) 출신인데, 당시 월씨의 세력이 점차 안식국 영역으로 확대되었으며 동시에 북인도를 점령하였다. 이어 나오는 사기수국도 아마 당시에 월지국의 세력 범위에 속해 있었던 것으로 보인다.

2 사기수국舍羈瘦國: 범어 Śravasti의 음역이며, 의역으로는 '없는 물건이 없이 풍요로운'·'도를 좋아하는'·'덕이 풍부한' 등의 뜻이다. 일명 사위국舍衛國이라고 불리는 중인도 고대왕국의 명칭으로, 부처님 당시에 인도 16대국 중 하나이다. 원래는 북쪽 코살라국(Utttara-Kośalā) 도성의 명칭이었는데, 남쪽 코살라국(Dakṣiṇa-Kośalā)의 명칭과 구별하기 위해 도성의 명칭으로 대신 부르다 보니 사위국이라고 부르게 된 것이다. 부처님 당시에는 파사익波斯匿 왕이 이 나라를 통치했고, 부처님께서는 이곳에 25년간 머무르셨다.

3 연비연동蜎飛蠕動: 연비蜎飛는 나는 작은 곤충들로, 예를 들면 모기 같은 종류이고, 연동蠕動은 꿈틀거리며 움직이는 작은 곤충들로, 예를 들면 구더기나 지네 같은 종류를 말한다. 이를 모두 통틀어 인간 이외의 일체 유정, 즉 일체의 생명체를 뜻한다.

4 의意: 경전에서 다양한 의미로 사용하고 있다. ①범어 manas 또는 citta의 의역으로, 분별·사량思量·마음의 작용(의념)을 뜻한다. ②의처意處의 약칭이다. ③의식

(일체 중생들에게) 자념(慈)을 행한 것이다."라고 하셨다.

---

意識의 약칭이다. ④설일체유부에서는 의意를 의근意根이라고 하여 인식기능·사
고기능으로 본다. 유식唯識에서는 의意를 제7식 말나식의 이명異名으로도 말한다.
⑤목적·의취·의향을 뜻한다. ⑥승론勝論철학에서는 아홉 종류의 실체實體 중
하나로 본다.

∾

佛說大安般守意經 卷上
後漢 安息三藏 安世高 譯


佛在越祇國 舍羈瘦國. 亦說一名遮匿迦羅國. 時佛坐行安般守
意九十日. 佛復獨坐九十日者, 思惟校計, 欲度脫十方人及蜎飛
蠕動之類. 復言. 我行安般守意九十日者, 安般守意得自在慈念
意, 還行安般守意, 以復收意行念也.

## 본론(正定分)

### 1. 안반수의의 여러 가지 함의含意[5]

안(安, āna)은 몸을 뜻하고, 반(般, apāna)은 호흡이며, 수의守意는 도道를 뜻한다. (수의에서) 수守란 금지이니 또한 계를 범하지 않는 것을 말한다. 금지란 또한 보호이니, 보호란 일체를 두루 보호하고 계를 범함이 없는 것이다. 의意란 자아의식(意, manas)을 쉬는 것으로 또한 도道이다.

　안安은 생生[6]을 뜻하고, 반般은 소멸이며, 의意는 인연이고, 수守는 도道이다.

　안安은 수식(數)[7]을 뜻하고, 반般은 상수相隨이며, 수의守意는 지止이다.

　안安은 도를 염念하는 것이고, 반般은 번뇌(結)를 벗어나는 것이며, 수의守意는 죄에 떨어지지 않는 것이다.

　안安은 죄를 피하는 것이고, 반般은 죄에 들어가지 않는 것이며, 수의守意는 도이다.

　안安은 마음의 적정(定)을 뜻하고, 반般은 번뇌(使)를 요동치 못하

---

5 본 주제에서는 안반수의의 의미를 분석하여 설명하고 있는데, 차제관계(ordering relation)의 방식으로 안반수의의 의미를 통틀어 설명하고 있다.

6 生生: 범어 jāti의 의역으로, 생에는 세 가지 의미가 있다. ①원인에 의해 연을 기다렸다가 이루어지는 유위법(현상적인 존재)을 말한다. ②수태에 의해 태어남을 말한다. ③네 가지 유위상有爲相 중 하나로 사물의 생기生起를 말한다.

7 數數: 수란 안반수의의 첫 번째 단계로서 호흡의 숫자를 말한다. 이는 자신이 호흡의 차례를 마음속으로 세면서 숫자에다 계념을 하여 정定에 들어감을 뜻한다.

게 하는 것이며, 수의守意는 자아의식(意, manas)을 산란치 않게 하는 것이다. 그러므로 안반수의란 자아의식(意)을 통제하여 무위[8]에 이르는 것이다.

안安은 유有[9]를 뜻하고, 반般은 무無[10]이다. 의념意念이 있어도 도를 얻지 못하고, 의념이 없어도 도를 얻지 못한다. 또한 유를 염하지 않고 또한 무도 염하지 않으니, 이것이 공삼매(空定: 공을 관하는 선정법)에 상응한 자아의식이 도를 따라 행하는 것이다. 유有란 만물을 말하고, 무無란 마음의 고요적정(疑)[11]을 말하니 또한 공空인 것이다.

안安은 (인생의) 근본인연을 뜻하고, 반般은 (인생은) 의지할 곳이 없는 것이니, 도를 수행하는 사람(道人)이 (무자성의 공관空觀의 관점에서 보면 인생의) 근본은 본래 의지해 따라온 것이 없는 줄 알고 또한 소멸해 돌아갈 곳이 없는 줄 아니, 이것이 수의守意다.

안安은 청淸을 뜻하고, 반般은 정淨이며, 수守는 무無이고, 의意는 위爲를 뜻하니, 이것이 청정무위淸淨無爲[12]다. (또한) 무無란 해탈

---

8 무위無爲: 인연의 조건에 의한 것이 아니며, 생사의 변화를 초월한 절대적인 경지이다. 예컨대 열반 혹은 진여를 뜻한다.

9 유有: ① 존재의 의미이다. 소위 실유實有·가유假有·묘유妙有를 뜻한다. ② 생존의 경계를 말한다. 즉 생멸의 현상적인 존재세계(현상계)이다.

10 무無: ① 선험적인 초월경계로서 또한 절대적인 경지이다. ② 일체 이원론적인 상대성을 부정하는 의미이다.

11 의疑: 범어 ní의 음역으로, 세상적인 욕망을 소멸한 상태 또는 산란한 생각을 끊은 적정(upa-rama)·해탈(mokṣa)·안주(安住, ā-śraya)의 뜻이다. 즉 마음이 고요적정한 상태를 의미한다. 다시 말해 일체를 초월한 공·무아·무의식 (unconscious)의 상태이다.

12 청정무위淸淨無爲: 마음 본연의 상태를 말한다. 왜냐하면 마음 본연의 상태는

(活)[13]을 말하고, 위爲란 생기(生)를 말한다. 다시 고苦를 얻지 않기 때문에 해탈(活)인 것이다.

안安은 어떤 경계의 대상에 대한 의식의 분별작용이 아직 생기기 전이고, 반般은 의식의 분별작용이 생겼다가 이미 끝났음이니, 어떤 경계의 대상에 대한 의식의 분별작용이 아직 생기지 않았으면(已未起) 바로 (마음 본연의 심성을 지키는) 수의守意인 것이다. 만약 어떤 경계의 대상에 대한 의식의 분별작용이 생겼다가 이미 끝났다면 (已意起) 바로 (마음 본연의 심성을 지키는) 수의인 것이다. 만약 어떤 경계의 대상에 대한 의식의 분별작용이 이미 생겼고(已起意) 바로 생각의 분별을 따라갔다면 (마음 본연의 심성을 지키는) 수의守意를 못하였으므로 마땅히 되돌아와야 한다. 그렇기 때문에 부처님께서 안반수의를 설하신 것이다.

안安은 오음五陰[14]을 받아들임이고, 반般은 5음을 없앰이며, 수의守

───────────────

무구無垢(번뇌가 없고 청정함)하여 비유하면 거울과 같다. 거울에 쌓인 먼지를, 사유작용이 마음과 객관사물을 완전히 분리시켜 하나의 초월적인 일심분란의 무위경지에 돌아가게 한다. 이는 바로 '안반수의安般守意'의 이상경지理想境地로서 안반安般을 통한 해탈의 길을 의미한다.

13 활活: 해탈 또는 자유를 획득함이다.

14 오음五陰: 오온五蘊(pañca-skandha)이라고도 하며, 인간을 구성하는 다섯 가지 요소의 집합을 뜻하니, 즉 육체와 정신작용을 말한다. ①색色(rūpa): 일반적인 물질 또는 육체, ②수受(vedanā): 감수작용, ③상想(saṃjñā): 표상작용 또는 이미지작용, ④행行(saṃskāra): 의지작용 또는 의념작용, ⑤식識(vijñāna): 인식작용이다. 다시 말하면 인간은 하나의 물질성인 육체와 네 가지 정신작용으로서 감수·표상·의지·인식의 작용으로 구성된 생명의 존재이다. 불교는 이 5음으로 구성된 것 이외에 독립된 실체의 자아를 찾을 수 없다고 본다.

意는 (5음의) 인연을 깨닫고 (집착하려는) 신身·구口·의意를 따르지 않는 것이다.

수의란 집착하는 바가 없어 (마음 본연의 심성을 지키니) 수의이지만, 집착하는 바가 있다면 (마음 본연의 심성을 지키지 못하여) 수의가 아닌 것이다. 왜냐하면 의식의 분별작용(意)이 일어나도 (가령 집착하는 바가 없다면 그 분별작용이 바로) 다시 소멸하기 때문이다. 의식의 분별작용을 다시 일으키지 않으면 도이니, 이것이 (마음 본연의 심성을 지키는) 수의이다. 수의는 자아의식의 분별작용(意生)[15]을 못하게 하는 것이다. (가령 5음을 받고) 태어났어도 (언젠가는) 죽음이 있기 때문에 (의식도 역시 소멸되고) 수의를 못하는 것이니, 의식을 죽지 않게 하라! (그러나) 죽음이 있는 것은 태어남이 있기 때문이니, (죽음으로 육신을 떠나 의식의 분별작용이 비록 소멸한다 해도 다시 윤회전생의 태어남으로 생기를 일으키기에) 의식도 또한 죽지 않으니, 이것이 (생사윤회의) 도인 것이다.

---

15 의생意生: 여러 의미로 사용되고 있다. 범어 manu-ja의 의역으로, ①제7 말나식의 자아·분별작용을 뜻한다. ②정精·혈血 등의 인연이 아닌 다만 아라야식의 심식心識에 의해 생명의 생기가 일어남을 뜻한다. 예를 들면 중음에서의 의생신意生身이다. ③유심唯心을 뜻한다. ④『근본설일체유부비나야파승사根本說一切有部毗奈耶破僧事』에 의하면 manu는 인간의 선조를 말하고, ja는 생(태어남)이다. 그러므로 manu-ja(意生)는 인간의 선조로 인해 태어난 자라는 의미로, 바로 인류를 뜻한다. 『안반수의경』과 『도지경』에는 의생意生이 자주 나오는데, 역자는 주로 ①과 ②의 의미로 사용하였다.

安爲身, 般爲息, 守意爲道. 守者爲禁, 亦謂不犯戒. 禁者亦爲護, 護者遍護一切, 無所犯. 意者息意, 亦爲道也.

安爲生, 般爲滅, 意爲因緣, 守者爲道也.

安爲數, 般爲相隨, 守意爲止也.

安爲念道, 般爲解結, 守意爲不墮罪也.

安爲避罪, 般爲不入罪, 守意爲道也.

安爲定, 般爲莫使動搖, 守意莫亂意也. 安般守意名爲御意, 至得無爲也.

安爲有, 般爲無. 意念有不得道, 意念無不得道. 亦不念有, 亦不念無, 是應空定, 意隨道行. 有者謂萬物, 無者謂疑, 亦爲空也. 安爲本因緣, 般爲無處所, 道人知本無所從來, 亦知滅無處所, 是爲守意也.

安爲清, 般爲淨, 守爲無, 意名爲, 是清淨無爲也. 無者謂活, 爲者謂生. 不復得苦故爲活也.

安爲未, 般爲起, 已未起便爲守意. 若已意起便爲守意. 若已起意便走, 爲不守當爲還. 故佛說安般守意也.

安爲受五陰, 般爲除五陰, 守意爲覺因緣, 不隨身口意也.

守意者無所著爲守意, 有所著不爲守意. 何以故. 意起復滅故. 意不復起爲道, 是爲守意. 守意莫令意生. 生因有死, 爲不守意, 莫令意死. 有死因有生, 意亦不死, 是爲道也.

## 2. 안반의 6사(六事·六潔意·六妙門)[16]

안반수의에는 열 가지 지혜(點)가 있다. 이른바 수식數息[17]·상수相
隨[18]·지止[19]·관觀[20]·환還[21]·정淨[22]과 고·집·멸·도의 4제四諦이다. 이

---

16 6사六事·6결의六潔意·6묘문六妙門: 안반수의의 첫 번째 단계인 수식數息에서
   여섯 번째 단계인 정淨까지를 안반수의의 6사六事 혹은 6묘문六妙門이라고 하며,
   이는 여섯 종류의 선관禪觀을 뜻한다. 특히 지자대사의 천태종에선 이 6묘문을
   열반에 들어가는 첩경으로 중요하게 보았다.

17 수식數息: 안반수의의 첫 번째 단계로서, 우선 의념을 완전히 호흡의 숫자에
   전념하여 숫자 1에서 10까지를 반복·순환하면서 산란한 마음을 다스려 다른
   잡생각이 없는 일심불란一心不亂의 정定에 드는 상태이다. 다시 말하면 수식이란
   자기 호흡의 소리를 들으면서 숫자 1에서 차례대로 세어 10에까지 이르면서
   망상을 막고 일념을 지니는 방법이다.

18 상수相隨: 안반수의의 두 번째 단계로서, 의념을 하나의 날숨과 하나의 들숨에
   계념하여 자연스럽게 호흡의 길고 짧음에 따라 날숨일 때 날숨을 알고 들숨일
   때 들숨을 알고, 길고 짧고 춥고 덥고를 모두 알며, 마음이 호흡 기식氣息의
   출입에만 전념하며 이에 따라 마음이 편안하면서 안정安靜한 상태이다.

19 지止: 안반수의의 세 번째 단계로서, 의념의 계심繫心을 코끝이나 혹은 미간이나
   하단전(배꼽 아래 1치쯤) 또는 발가락에 놓고, 마음을 쉬고 고요히 안정安靜시켜
   의식활동의 파동이 없는 상태이다.

20 관觀: 안반수의의 네 번째 단계로서, 의념을 자연스럽게 자신의 머리에서 발까지
   몸을 관하게 하면서 반복하여 내관통찰을 한다. 관심觀心을 분명하게 해야
   5음의 허망함을 알 수 있고, 4전도 및 아견 등 16지견을 타파할 수 있다.

21 환還: 안반수의의 다섯 번째 단계로서, 섭심攝心에 도달한 마음을 반조返照하여
   그 마음이 악의 5음을 모두 소멸한 상태로, 이를 통해 마음은 허망하고 실체가
   없음을 알 수 있다. 이는 세간제일의 법위에 이르는 것이다.

22 정淨: 안반수의의 여섯 번째 단계로서, 마음은 집착하는 바가 없어 망념妄念이
   일어나지 않고 청정무구淸淨無垢하여 일심청정一心淸淨한 이상경계理想境界
   이다.

열 가지 지혜를 형성하고, 이른바 37품경(37도품)과 결합하여 정행을 성취한다.

수의는 비유하면 등불과 같아 두 가지 인연이 있다. 첫째 어둠(무명)을 파괴하고, 둘째 밝음(지혜)을 보는 것이다. 수의는 첫째 어리석음을 파괴하고, 둘째 지혜(點)를 보는 것이다. 수의는 의식의 분별작용(意)이 인연을 따라 생기므로 마땅히 인연의 조건들에 집착하지 말라고 하니, 이것이 수의이다.

수의守意에는 세 종류가 있다. 첫째, 마음 본연의 심성을 지키고 의식의 분별작용을 생기지 않게 하는 것이다. 둘째, 이미 의식의 분별작용이 생겼다면 응당 속히 소멸하는 것이다. 셋째, 의식의 분별작용을 일으키고 이미 행한 일(행업)이라면 응당 후회하고 참회하여 억만겁이라 해도 다시 짓지 않는 것이다.

수守와 의(意, manas)는 각각 다르다. 시방을 옹호하고 일체를 깨달아 범하지 않으니 이것이 수守이고, 그것이(시방의 일체가) 무위인 줄 깨달으니 이것이 의意이다. (수守와 의意의 의미를 합친) 이것이 수의인 것이다.

수의에는 네 가지 희열(樂)이 있다. 첫째 진리의 요체를 아는 희열(知要樂)이요, 둘째 부처님의 교법을 배워 아는 법의 희열(知法樂)이요, 셋째 사념邪念을 버리고 (정심正心을 어떠한) 한 곳에다 계념하여 마음 본연의 상태로 무념을 아는 희열(知止樂)이요, 넷째 안반安般의 6문六門을 통한 내심에서 용솟음치는 기쁨을 아는 희열(知可樂)이니, 이것이 (수의의) 네 가지 희열이다.

불법佛法이란 실천의 행이고, (실천의 행을 증득하여) 얻는 것이

도이다.

　(안반)수의의 여섯 가지 일(육문六門 또는 육사六事)에는 내외가 있다. 수식數息·상수相隨·지止는 외적인 것이고, 관觀·환還·정淨은 내적인 것이다. 하지만 (내·외 모두는) 도를 따르는 것이다. 왜냐하면 염식(念息, 수식)·상수相隨·지止·관觀·환還·정淨은 의식을 수련하고자 하여 도에 가깝기 때문이다. 이 여섯 가지 일을 버리면 바로 세간(세상)을 따르는 것이다.

　수식數息이란 의식의 산란함을 막는 것이고, 상수相隨란 의식을 수렴하는 것(斂意)이고, 지止란 의식을 산란하지 못하게 한 곳에 계념하는 선정의 마음(定意)이고, 관觀이란 세상적인 상념의 의식을 버리는 것(離意)이고, 환還이란 일심의 사량(一意)이고, 정淨이란 의식의 분별작용을 못하게 지키는 것(守意)이다. 왜냐하면 보통사람들은 의식의 분별작용을 스스로 억제하지 못하기 때문에 이 여섯 가지 일을 수행하게 하는 것이다.

　왜 수식을 하는가? 의식의 분별작용이 산란하기 때문이다. 어찌하여 (수식을) 얻지 못하는가? 의식의 분별작용을 스스로 인식하지 못하기 때문이다. 어찌하여 선정(禪)을 얻지 못하는가? 세속적인 관습(탐·진·치 3독)의 습기를 다 버리지 못하고서 도를 행해 증득하려는 까닭이다.

　(비유하면) 수식數息은 땅(地)이고, 상수相隨는 땅을 가는 쟁기(犁)이고, 지止는 소가 쟁기를 끌도록 소의 목에 얹은 멍에(軛)이고, 관觀은 씨앗(種)이고, 환還은 비(雨)이고, 정淨은 행行이니, 이와 같은 여섯 가지 일(6문)이 바로 도에 순응하는 것이다.

(또한) 수식은 바깥경계의 집착을 끊고, 상수相隨는 내심의 집착을 끊고, 지止는 죄행을 멈추게 하고, 관觀은 세상(세간)적인 상념을 물리치며, 세상적인 영향을 받아들이지 않는 것이 환還이고, 분별의 상념을 끊는 것이 정淨이다. 의식이 산란하면 마땅히 수식을 해야 하고, 의념이 정定하려면 마땅히 상수相隨를 해야 하고, 분별의식을 끊으려면 마땅히 지止를 행해야 하고, 득도를 하려는 의념이면 마땅히 관觀을 해야 하고, 세상적인 5음을 향하지 않고자 하면 마땅히 환還을 해야 하고, 무소유이고자 하면 마땅히 정淨을 해야 하는 것이다. 세상의 일이 많으면 마땅히 수식을 해야 하고, 일이 적으면 마땅히 상수를 해야 하고, 가정에 대한 마음을 없애려면 마땅히 지止를 행해야 하고, 세상적인 것이 두려우면 마땅히 관觀을 해야 하고, 세상적인 것을 추구하지 않으려면 마땅히 환還을 해야 하고, 상념을 끊으려면 정淨을 해야 한다.

왜 수식을 하는가? 5음을 따르지 않고자 하기 때문이다. 왜 상수相隨를 하는가? 5음을 알고자 하기 때문이다. 왜 지止를 하는가? 5음을 관觀하고자 하기 때문이다. 왜 5음을 관觀하고자 하는가? 몸의 근본을 알고자 하기 때문이다. 왜 몸의 근본을 알고자 하는가? 고뇌를 버리고자 하기 때문이다. 왜 환還을 하는가? 생사를 싫어하기 때문이다. 왜 정淨을 하는가? 5음을 분별하여 (깨닫고) 받아들이지 않기 때문이다. 바로 8정도의 지혜에 순응하여 성불의 수기(別)[23]를 얻고 소원(성

---

23 본 경전의 저본으로 사용한 『신수대장경』의 원문에선 "別"로 표기하였는데 다른 장본藏本에선 "莂"로 표기하였다. "莂"은 수기授記의 고역古譯이다. 수기는 범어 vyākaraṇa의 의역이고, 구마라집鳩摩羅什 삼장법사 이전에는 기별記莂·기

불)을 얻기 위해서다.

수식을 행할 때는 숫자를 따르고, 상수相隨일 때는 의념을 따르고, 지止일 때는 정定을 따르고, 관觀일 때는 정淨을 따르고, 환還일 때는 (정행의) 의념을 따르고, 정淨일 때는 도를 따르고 또한 (8정도의) 행을 따른다.

수식은 4의지四意止이고, 상수相隨는 4의단四意斷이고, 지止는 4신족념四神足念이고, 관觀은 5근五根·5력五力이고, 환還은 7각의七覺意이고, 정淨은 8행(8정도)인 것이다. (이는 37도품을 행하는 것이 바로 안반수의의 의미임을 천명하고 있다.)

수식을 얻고도 상수를 하지 않으면 수의가 아니고, 상수를 얻고도 지止를 하지 않으면 수의가 아니고, 지止를 얻고도 관觀을 하지 않으면 수의가 아니고, 관을 얻고도 환을 하지 않으면 수의가 아니고, 환을 얻고도 정淨을 하지 않으면 수의가 아니지만, 정淨을 얻고도 다시 정淨을 하면 바로 수의이다.

이미 호흡에다 계념을 했다면 악은 생기지 않는다. 다시 수식을 하는 것은 의식의 분별을 함께 막고 6쇠六衰²⁴를 따르지 않기 때문이고, 상수相隨를 행하면 6쇠(6경)를 버리고자 하고, 지止를 행하면 6쇠를

─────────────

별기別·수결授決로 번역을 하였고, 그 이후에는 수기授記로 번역하여 사용하였다. 범어 vyākaraṇa의 원래 의미는 분석·구별·발전의 뜻으로, 처음에는 교설의 분석을 뜻하다가 후에 그 의미가 바뀌어 미래세의 증과證果·불과佛果의 일을 예시豫示하는 의미로서 수기로 사용되었다.

24 6쇠六衰: 일반적으로 6경六境이라고 한다. 즉 색·성·향·미·촉·법의 외적인 대상을 말한다. 6경을 6쇠라고 하는 이유는, 6식은 6경에 의해 오염되기 때문이다.

떨치고자 하고, 관을 행하면 6쇠를 끊고자 하고, 환을 행하면 6쇠를 받아들이지 않고자 하고, 정淨을 행하면 6쇠를 소멸하고자 하니, 이미 (6쇠를) 소멸해 없앴다면 바로 도를 따른 것이다.

수식은 의식의 분별을 막고자 함이니, 호흡에는 길고 짧음이 있다. 또 응당 이 길고 짧음의 의식을 막아야 한다. 왜냐하면 수의守意는 악을 멈추고자 하기 때문이다. (그러나 수의는) 악을 또한 (막아) 지킬 수도 있고 또한 지키지 못할 수도 있다. 왜냐하면 악을 이미 없앴다면 마땅히 다시 지킬 필요가 없기 때문이다.

수식에는 세 가지 일이 있다. 첫째, 응당 앉아서 행해야 한다. 둘째, 색신(육신)을 보면 응당 무상하고 깨끗하지 않다고 의식해야 한다. 셋째, 성냄·의심·질투의 생각은 응당 지나간다고 알아야 한다.

수식 중에 (마음이) 산란한 자는 응당 인연에 의해 일어난 줄 알아야 하니, 응당 이것은 내적인 의식의 분별인 줄 알아야 한다. (이는 호흡에서 내외를 구분해야 하기 때문이다. 즉) 1의 호흡(들숨)이 산란한 자이면 그것은 외적인 의식이 지나친 것이니, 호흡(들숨)은 밖에서 체내로 들어오기 때문이다. 2의 호흡(날숨)이 산란한 자이면 그것은 내적인 의식이 지나친 것이니, 호흡(날숨)은 체내에서 나오기 때문이다. 3·5·7·9(의 들숨)은 외적인 의식에 속하고, 4·6·8·10(의 날숨)은 내적인 의식에 속한다. 질투·성냄·의심 이 세 가지 의식은 내면에 있는 것이고, 살생·투도(도둑질)·사음·양설(이중 말)·악구 (악담)·망언(거짓말)·기어(아첨의 말) 등 이 일곱 가지 의식(생각) 및 나머지 일은 외부에 속한 것이다. 호흡을 얻음(들숨)은 바깥(외부) 이고, 호흡을 얻지 못함(날숨)은 안(내부)이다. 호흡은 의식의 분별작용을 따라 생기니, 의식과 호흡을 합치면 1의 숫자이다. (들숨 날숨의) 호흡이 끝나게 되면 의식의 숫자는 1이거나 또는 1이 아니다. 왜냐하면 의식은 외부에 있는데 호흡은 아직 다 없어지지 않았기 때문이다. 비유하면 돈을 세는 것과 같다. 의식이 5의 수전銖錢에 있다 해도 단위의 숫자로는 1인 것(五數爲一)[25]이다.

수식은 그래서 먼저 숫자로 호흡(들숨) 내에 들어가는 것으로, 바깥경계의 외부에는 7악七惡이 있고 의식의 내면에는 3악이 있는데, 적음은 많음을 이길 수 없기 때문에 먼저 숫자로 호흡(들숨) 내에 들어가는 것이다.

(1에서 10까지의) 수식을 얻지 못하는 것은 그 본의本意를 잃었기 때문이다. 본의란 이른바 비상(非常, 무상)이고 고苦이고 공이고 몸이 아닌 것(무아)이다.(이는 무자성의 공의 원리임) 이 본의를 잃음은 의식이 전도되었기 때문이고, 또한 스승의 가르침을 잃은 것이다. 스승은 처음 좌선을 할 때 제일 먼저 (수식으로) 호흡(들숨)에 들어가 몸의 안온함을 얻으면 바로 차제(순서)대로 행하게 하지만, (그의 제자는) 그 본의를 잃었기 때문에 수식을 얻지 못하는 것이다. 수식의 의식은 항상 비상(非常, 무상)이고 고苦이고 공이고 몸이 아닌 것(무아)이라고 응당 염해야 한다. 호흡이 나옴을 인식(의식)해도 또한 소멸하고, 호흡이 들어옴도 또한 소멸한다. 이미 이를 알고 나면

---

25 5수위일五數爲一: 중국의 한漢 무제武帝에서 수나라·당나라 때까지 발행한 5수전 五銖錢을 말한다. 즉 5수五銖를 하나의 화폐단위로 사용하였다. 이와 같이 본 경전에서의 비유도 수식에 있어서 1에서 10까지의 호흡을 하나의 단위로 본 것이다.

도를 얻게 되니, 마땅히 속히 비상(非常, 무상)의 두려운 의식을 가져야 한다. 이런 (무상의 두려운) 의식을 얻게 되면 즉 (1에서 10까지) 수식의 호흡을 얻게 되는 것이다.

입식(들숨)·출식(날숨)의 원인이 다른 것은, 출식은 욕구의 의지작용(生死陰)[26]이고, 입식은 표상작용(思想陰)[27]이기 때문이다. 어떤 때는 출식이 감수작용(痛痒陰)[28]이고, 입식은 인식작용(의식작용, 識陰)인 것이다. 그렇기 때문에 (입식과 출식이) 다르다. 도를 수행하는 사람은 응당 이런 사량(意)[29]을 분별해야 하는 것이다. 입식(들숨)이란 죄를 받아들이지 않음이고, 출식(날숨)이란 죄를 없앰이고, 수의守意란 죄를 떨쳐버림이다. 입식(들숨)이란 불법인연을 받아들이기 위해서이고, 출식이란 불법인연을 파악하기 위해서이고, 수의란 불법인연을 떨쳐버리지 않기 위해서이다.

수식을 얻지 못하는 세 가지 인연(원인)이 있다. 첫째 죄(의 과보)가 도달한 것이고, 둘째 (수식의) 행이 (의념과) 서로 관여하지 않는 것이고, 셋째 정진하지 않는 것이다.

입식(들숨)이 짧고 출식(날숨)이 길어도 (분별의) 의식을 따르는 바가 없다면 도이지만, 의식으로 생각한 것(분별)이 있다면 죄이다.

---

26 생사음生死陰: 5음 가운데 하나로, 행음行陰의 고역古譯이다. 행음은 의지나 의념의 충동적인 욕구의 의지작용을 말한다.

27 사상음思想陰: 5음 가운데 하나로, 상음想陰의 고역이다. 상음은 마음에 나타난 이미지 또는 형상形象의 표상작용이다.

28 통양음痛痒陰: 5음 가운데 하나로, 수음受陰의 고역이다. 수음은 감각이나 또는 단순한 감정의 감수작용이다.

29 의意: 주 4를 참조할 것.

죄악은 (외적인 반연의) 외부에 있지 (내심 자체의) 내면에는 있지
않다. 수식을 할 때 의식이 호흡을 버리면 천식喘息[30]이 길고, 호흡을
얻으면 천식이 짧다. 의식이 불안하면서 (수식을) 행하면 호흡이
길고, 안정하다면 호흡이 짧다. 만물을 의식하면 긴 호흡이고, 의식한
바가 없다면 짧은 호흡이다. 10의 호흡에 이르지 못하고 파괴되어
다시 시작하는 숫자는 긴 호흡이다. 10의 호흡을 얻으면 짧은 호흡이
니, (10을) 얻은 호흡은 짧다. 왜냐하면 (10의 끝수에 이르러) 멈추게
되면 다시 숫자가 필요치 않기 때문이다. (어떤 때는) 얻은 호흡이
또한 길기도 하다. 왜냐하면 호흡을 쉬지 않았기 때문에 긴 것이다.
천식喘息이 길어도 스스로 알고 천식이 짧아도 스스로 알아, 이른바
의식이 가 있는 곳이면 호흡의 길고 짧음을 스스로 아는 것이다.
의식이 (호흡의) 길고 짧음을 깨달으면 스스로 아는 것이고, 의식이
(호흡의) 길고 짧음을 알지 못하면 스스로 알지 못하는 것이다.

　도를 수행하는 사람이 안반수의를 행하여 의식의 분별을 멈추고자
한다. 응당 어떤 인연으로 의식의 분별을 멈추게 하는가? 안반수의에
대한 설명을 듣고자 한다. 안安이란 무엇인가? 반般이란 무엇인가?
안은 입식(들숨)이라 하고, 반은 출식(날숨)이라 한다. 의식과 호흡이
서로 분리되지 않으면 이를 안반安般이라고 한다. 수의란 의식의
분별을 멈추고자 하는 것이다.

　행자나 새로 배우는 자에게는 네 가지 안반수의의 행이 있다. (그리
고) 두 가지의 악을 없애는 것과 16승勝으로 즉시 (의식이) 스스로

---

알고 바로 안반수의를 행하여 의식의 분별을 멈추게 한다. 네 가지가 무엇인가? 첫째 수數이고, 둘째 상수相隨이고, 셋째 지止이고, 넷째 관이다. 두 가지의 악은 무엇인가? 10까지의 호흡을 지나치지 말아야 하고(의식의 분별작용이 산란하여 10의 호흡을 지나친 경우), 10까지의 숫자에 못 미치지 말라(10의 호흡까지 미치지 못하고 의식이 분별작용으로 산란한 경우)는 것이다.

安般守意有十黠. 謂數息·相隨·止·觀·還·淨, 四諦, 是爲十黠成, 謂合三十七品經爲行成也.

守意譬如燈火, 有兩因緣. 一者壞冥. 二者見明. 守意, 一者壞癡, 二者見黠也. 守意, 意從因緣生 當緣因緣, 莫著是爲守意也.

守意有三輩, 一者守令不得生. 二者已生當疾滅. 三者事已行, 當從後悔, 計億萬劫不復作也.

守與意各自異. 護十方, 一切覺對不犯, 是爲守, 覺彼無爲, 是爲意. 是守意也.

守意中有四樂. 一者知要樂. 二者知法樂. 三者爲知止樂. 四者爲知可樂. 是爲四樂.

法爲行. 得爲道.

守意六事, 爲有內外. 數隨止是爲外. 觀還淨是爲內. 隨道也. 何以故. 念息·相隨·止·觀·還·淨, 欲習意近道故. 離是六事, 便隨世間也.

數息爲遮意. 相隨爲(歛*殳)意, 止爲定意, 觀爲離意, 還爲一意, 淨爲守意. 用人不能制意, 故行此六事耳.

何以故數息? 用意亂故. 何以故不得? 用不識故. 何以故不得禪? 用不棄習盡, 證行道故也.

數息爲地, 相隨爲犁, 止爲軛, 觀爲種, 還爲雨, 淨爲行, 如是六事乃隨道也.

數息斷外, 相隨斷內, 止爲止罪行, 觀却意, 不受世間爲還, 念斷

爲淨也. 意亂當數息, 意定當相隨, 意斷當行止 得道意當觀, 不向
五陰當還, 無所有當爲淨也. 多事當數息, 少事當相隨, 家中意盡
當行止, 畏世間當觀, 不欲世間爲還, 念斷爲淨也.

何以故數息? 不欲隨五陰故. 何以故相隨? 欲知五陰故. 何以故
止? 欲觀五陰故. 何以故觀陰? 欲知身本故. 何以故知身本? 欲棄
苦故. 何以故爲還? 厭生死故. 何以故爲淨? 分別五陰不受故. 便
隨黠慧八種道, 得別, 爲得所願也.

行息時爲隨數, 相隨時爲隨念, 止時爲隨定, 觀時爲隨淨, 還時爲
隨意, 淨時爲道, 亦爲隨行也.

數息爲四意止, 相隨爲四意斷, 止爲四神足念, 觀爲五根‧五力,
還爲七覺意, 淨爲八行也.

得息不相隨不爲守意, 得相隨不止不爲守意, 得止不觀不爲守意,
得觀不還不爲守意, 得還不淨不爲守意, 得淨復淨乃爲守意也.
已念息, 惡不生. 復數者 爲共遮意不隨六衰故, 行相隨 爲欲離六
衰, 行止爲欲却六衰, 行觀爲欲斷六衰, 行還 爲欲不受六衰, 行淨
爲欲滅六衰, 已滅盡 便隨道也.

數息欲遮意, 息中有長短. 當復遮是長短意也. 何以故. 守意欲止
惡故. 惡亦可守 亦不可守. 何以故. 惡已盡不當復守也.

數息有三事. 一者當坐行. 二者見色當念非常不淨. 三者當曉瞋
恚疑嫉念過去也.

數息亂者 當識因緣所從起, 當知是內意. 一息亂者 是外意過, 息
從外入故. 二息亂者 是內意過, 息從中出故. 三五七九屬外意,

四六八十屬內意. 嫉瞋恚疑是三意在內. 殺盜婬兩舌惡口妄言綺
語是七意及餘事屬外也. 得息爲外, 不得息爲內. 息從意生, 念息
合爲一數. 息至盡數爲一, 亦非一. 意在外息未盡故. 譬如數錢,
意在五數爲一也.

數息所以先數入者, 外有七惡, 內有三惡, 用少不能勝多, 故先數
入也.

數息不得者失其本意故. 本意謂非常苦空非身. 失是意墮顚倒故
亦爲失師. 師者初坐時, 第一入息得身安 便次第行, 爲失其本意
故不得息也. 數息意常當念非常苦空非身. 計息出亦滅, 入亦滅.
已知是得道, 疾當持非常恐意. 得是意卽得息也.

入息出息所以異者出息爲生死陰, 入息爲思想陰. 有時出息爲痛
痒陰, 入息爲識陰. 用是爲異, 道人當分別是意也. 入息者爲不受
罪, 出息者爲除罪, 守意者爲離罪. 入息者爲受因緣, 出息者爲到
因緣, 守意者爲不離因緣也.

數息不得 有三因緣. 一者罪到, 二者行不互, 三者不精進也.

入息短, 出息長, 無所從念爲道意, 有所念爲罪. 罪惡在外不在內
也, 數息時有離意爲喘息長, 得息爲喘息短. 不安行息爲長, 定爲
短. 念萬物爲長, 息無所念爲短. 息未至十息壞, 復更數爲長息.
得十息爲短息, 得息爲短. 何以故. 止不復數故. 得息亦爲長. 何
以故. 息不休故爲長也. 喘息長自知, 喘息短自知, 謂意所在爲自
知長短. 意覺長短爲自知, 意不覺長短, 爲不自知也.

道人行安般守意, 欲止意. 當何因緣得止意? 聽說安般守意. 何等

爲安? 何等爲般? 安名爲入息, 般名爲出息. 念息不離, 是名爲安般. 守意者欲得止意.

在行者·新學者, 有四種安般守意行. 除兩惡·十六勝, 卽時自知乃安般守意行, 令得止意. 何等爲四種? 一爲數, 二爲相隨, 三爲止, 四爲觀. 何等爲兩惡? 莫過十息, 莫減十數.

## 3. 안반安般의 16특승特勝－수식관 중 제일 수승한 16가지 관법

무엇이 열여섯 가지 수승한 승행勝行이고 즉시 (의식이) 스스로가
아는 것인가? ①천식喘息이 길면 즉시 (의식이) 스스로 아는 것이다.
②천식이 짧으면 즉시 (의식이) 스스로 아는 것이다. ③천식이 몸을
움직이게 하면 즉시 (의식이) 스스로 아는 것이다. ④천식이 미세하면
즉시 (의식이) 스스로 아는 것이다. ⑤천식이 빠르면 즉시 (의식이)
스스로 아는 것이다. ⑥천식이 빠르지 않으면 즉시 (의식이) 스스로
아는 것이다. ⑦천식이 멈추면 즉시 (의식이) 스스로 아는 것이다.
⑧천식이 멈추지 않으면 즉시 (의식이) 스스로 아는 것이다. ⑨천식
중에 기쁜 마음을 얻으면 즉시 (의식이) 스스로 아는 것이다. ⑩천식
중에 기쁜 마음을 얻지 못하면 즉시 (의식이) 스스로 아는 것이다.
⑪내심이 만물을 생각하지만 이미 기회가 지나가 다시 얻지를 못하면
천식 중에 (의식이) 스스로 아는 것이다. ⑫내심으로 다시 생각하는
바가 없으면 천식 중에 (의식이) 스스로 아는 것이다. ⑬내심 생각한
바를 포기하면 천식 중에 (의식이) 스스로 아는 것이다. ⑭내심
생각한 바를 포기하지 않으면 천식 중에 (의식이) 스스로 아는 것이다.
⑮목숨을 방치하면 천식 중에 (의식이) 스스로 아는 것이다. ⑯목숨
을 방치하지 않으면 천식 중에 (의식이) 스스로 아는 것이다. 이것이
16승행이고 즉시 (의식이) 스스로 아는 것이다.

　물음: 무엇이 10의 수數를 지나치지 않고 10의 수에 못 미치게
하는가?

　회답: 호흡은 이미 끝나 없어졌지만 (의식에서의) 숫자는 아직이라
면 그것이 지나침이다. 호흡은 아직 다 없어지지 않았는데 바로 (10의)

숫자이면 그것은 감소이다. (의식이) 숫자를 잃어도 또한 악이고, (10까지 호흡이) 미치지 못해도 또한 악이니, 이것이 두 가지의 악이다.

2에 이른 (의식의) 호흡이 산란하면 짧은 호흡이다. 9에 이르러 (의식의) 호흡이 산란하면 긴 호흡이다. 10에 이른 호흡이면 빠른 호흡이다. 숫자와 호흡이 서로 따르면 미세한 것이다. 의식이 긴 호흡에 전념하면 바로 의식이 바뀐다. 우리는 왜 긴 호흡에다 의식을 전념하는가? 만약 의식이 짧은 호흡에 전념하면 즉시 깨닫지만, 의식을 멈추지 못하고 멈춘다면 바로 집착인 것이다. 목숨을 방치함이란 이른바 수식을 행하고 도를 얻은 (육신의 무상함을 깨우친) 의식은 바로 목숨을 방치(목숨에 대한 집착을 놓음)하지만, 아직 도를 얻지 못한 (육신의 무상함을 깨우치지 못한) 의식은 항상 몸을 애착하기 때문에 목숨을 방치하지 못하는 것이다. (들숨 날숨의) 호흡이 미세하면 도이지만, (호흡이) 길면 생사이고 호흡이 짧게 움직여도 생사이다. 도에서는 (상대적으로) 긴 것도 짧은 것이다. 왜냐하면 도를 얻지 못한 의식은 지견知見[31]이 없기 때문에 (길고 짧음의 분별심을 초월하지 못하고 상대적인 분별심으로) 짧은 것이다.

수식은 간단한 1이고, 상수相隨는 복합적이고, 지止는 하나의 의념이고, 관은 통찰하고 인식하는 의념이고, 환還은 도를 행하는 것이고, 정淨은 도에 들어가는 것이다.

---

31 지견知見: ①부처님의 지혜·깨달음의 지혜를 이해한 앎이다. 『법화현의』 권10상에 의하면 "법화에 이르렀을 때 무명을 타파하고 부처님의 지견이 열린다(至法華時破無明開佛知見)."라고 설하였다. ②보통 일반적인 견해를 말하기도 한다.

숫자를 셀 때 의념(의식)이 10의 호흡에 이르기까지 지니면 그것은 외선外禪이다. 몸을 더럽다고 의념(의식)하고 공에 상응하여 따르면 그것은 내선內禪이다. 선법禪法은 악이 오면 받아들이지 않으니, 이를 버림이라고 한다.

입을 다물면 숫자와 호흡이 (의식의) 기를 따라 나오고 들어간다. 기가 어느 곳에서 일어나고, 어느 곳에서 소멸하는가를 (의식이) 안다. 의념이 의식한 바가 있다면 수식을 하지 못하고, (호흡의) 늦고 빠르고 크고 작고가 있어도 또한 숫자를 세지 못하고, 귀로 소리를 듣고 산란해도 또한 숫자를 세지 못한다. 수식에서 의념(의식)이 호흡에만 있으면 숫자를 세지 못한다. 의념의 행이 의념 자체에 있으면 바로 지止이다. 수식의 의념이 단지 호흡에만 있으면 그것도 (숫자를) 세지 못하니, 마땅히 의념(의식)은 기氣에서 일어나고 소멸하는 줄 알아야 한다. 이것이 바로 (의념과) 숫자의 상응이니, 이런 인연이 없어지면(멈춰지면) 바로 정의定意[32]를 얻는 것이다.

수의守意란, 출입식(날숨과 들숨)을 염念하면서 이미 호흡에다 계념을 했다면 악은 생기지 않기 때문에 수의이다. 호흡을 보면 (외적인 생사의) 인연에서 생기니, (생사의) 인연이 없으면 소멸하고 (생사의) 인연을 끊으면 호흡은 멈추는 것이다. 수식은 지성至誠에 속하고, 호흡이 산란하지 않으면 인욕이다. 수식은 기氣의 미세함으로 다시 날숨 들숨을 느끼지 못한다. 이와 같이 응당 일념을 지켜야 지止인 것이다. (날숨의) 호흡은 몸 안에 있지만 또한 (들숨의 호흡이) 몸

---

32 정의定意: 선정의 마음을 말하며, 또한 정심定心이라고도 한다.

밖에 있어 (생사의) 인연을 얻으면 (들숨 날숨의) 호흡이 생기지만
죄가 아직 없어지지 않았기 때문에 호흡이 있는 것이니, (완전히
생사의) 인연을 끊으면 호흡은 다시 생기지 않는 것이다.[33]

　수식은 제2선을 따른다고 생각한다. 왜냐하면 의념의 활동을 의지
하지 않기 때문에 제2선을 따른다고 생각한다. 수식은 수의守意가
아니지만 호흡에다 하는 계념이면 바로 수의인 것이다. 호흡은 바깥에
서 들어오지만 호흡이 아직 다 없어지지 않고, 호흡이 의념에 들어가면
의식은 다 없어졌어도 (호흡의) 숫자는 있는 것이다.

　10의 호흡에는 열 가지 의념이 있어 10에다 묶고(계념), 상수相隨에
서는 두 가지 의념이 있어 2에다 묶지만(계념), 지止에서는 하나의
의념이 있어 1에다 묶는다(계념). 호흡의 차례 숫자를 얻지 못하면
악의惡意를 묶지 못하지만, 악의를 멈추면 바로 수數를 얻으니, 이를
조절하면 의념을 묶을 수 있는(계념할 수 있는) 것이다.

　이미 얻은 호흡은 호흡을 버리고, 이미 얻은 상수相隨는 상수를
버리고, 이미 얻은 지止는 지를 버리고, 이미 얻은 관觀은 관을 버리니,
다시 환還을 하지 말아야 한다. 다시 환還을 하지 말라는 것은 다시

---

33　"(생사의) 인연을 끊으면 호흡은 다시 생기지 않는 것이다."라의 의미는, 지止에는
　네 종류가 있다. 첫째는 욕계의 사마타(śamatha, 지止)로 수행자의 마음이 완전
　히 안온하고 평정平靜한 상태이고, 둘째는 색계의 사마타로 수행자의 마음은
　희열이 용솟음치고 몸에선 오묘한 즐거움이 있고, 셋째는 무색계의 사마타로
　일체의 집착이 모두 끊어 없어진 식무변처 및 무소유처의 상태이고, 넷째는
　멸경 사마타 혹은 멸진정 사마타로 마음과 의식의 연속성까지 완전히 멈춰진
　상태로 호흡까지도 끊어진 상태이다. 여기에선 네 번째 멸진정 사마타의 경지로,
　이는 불환과不還果 이상의 성자가 닦아 얻는 경지를 뜻한다.

숫자를 세지 말라는 것이다.

호흡은 또한 의념(의식)을 하게 하고, 의념도 또한 호흡을 하게 해야 한다. (의식에) 생각한 바가 있게 되면 호흡이 의념(의식)을 하게 하니, (의식에) 생각한 바가 없게 되면 의념(의식)이 호흡을 하게 하는 것이다.

식息[34]에는 네 가지 차별상(事)이 있다. 첫째 풍風이고, 둘째 기氣이고, 셋째 식息이고, 넷째 천喘이다. 숨소리가 있으면 풍風이고, 숨소리가 없으면 기氣이고, 날숨 들숨은 식息이고, 기의 출입이 부진하면 천喘이다.

수식은 외부를 끊고, 상수相隨는 내부를 끊는다. 수식이 외부에서 들어오는 호흡(들숨)을 따르면 즉 외부를 끊고 또한 외적인 인연을 버리고자 하는 것이다. 수식이 체내에서 나오는 호흡(날숨)을 따르면 (그것은) 내적인 인연을 버리고자 하는 것이다. 외부를 끊는 것은 몸이 (외적인) 인연을 버리는 것이고, 내부를 끊는 것은 의식이 (내적인) 인연을 버리는 것이다. 몸이 (외적인 인연을) 버리고 의식이 (내적인 인연을) 버리면 그것은 상수相隨이니, 출·입식(날숨과 들숨)은 바로 이 두 가지 일인 것이다.

수식은 내외의 인연을 끊고자 한다. 내외는 어떤 것인가? 이른바 눈·귀·코·입·몸·의식은 내적인 것이고, 색·소리·향기·맛·매끄러운 감촉·생각은 외적인 것이다.

식(息: 한 번의 날숨과 들숨)의 행은 의념으로 하여금 (무아의)

---

**34** 식息: 숨을 한 번 내쉬고 한 번 들이쉬어 안과 밖을 교환하는 것을 식息이라 한다.

공空에 접근하게 하지만, 다만 다른 의식을 멈추게 하고자 한다. 어찌하여 (무아의) 공에 접근하게 하는가 하면, 호흡(날숨 들숨)에서는 (의식)하는 바가 없기 때문이다.

수식에서 의식이 움직여 지나쳐가도 즉시 알아차리지 못하는 것은, 죄는 중하고 의식은 가벼워서이다. 죄로 말미암아 의식을 빨리 지나치도록 이끌기 때문에 알아차릴 수가 없는 것이다. 도를 행하여 이미 식(息: 한 번의 날숨과 들숨)을 얻었다면 스스로 호흡을 싫어하면서 의념(의식)이 바뀌고자 해도 다시 수數를 생각지 않는다. 이와 같은 것이 식息을 얻음이다. 상수·지止·관도 또한 그러하다.

출식(날숨)·입식(들숨)의 소멸을 알면 소멸은 (다시) 호흡의 현상을 얻기 위함이니, 생사를 알게 되면 다시 사용하지 않고, 생사의 현상을 파악하면 (이때에) 이미 4선四禪을 얻게 된다. 다만 의식이 공을 염하여 일체종지(일체지)의 싹을 키우는 것이다.

식息의 행이 이미 정定을 얻었다면 다시는 기氣의 출입을 느끼지 않고 바로 관觀을 할 수 있다. 첫째는 마땅히 쉰다섯 가지 일[35]을 관觀해야 하고, 둘째는 마땅히 몸의 12인연을 관觀해야 한다.

물음: 식(息: 한 번의 날숨과 들숨)의 출입은 어떠한 위치에 있는가?

회답: 식息의 숨이 들어올 때가 바로 그곳(위치)이고, 식의 숨이 나올 때가 바로 그곳이다.

수식에서 몸을 앉아서 하면 (마음은) 감각적인 느낌(痛痒)·표상작용(思想)·욕구의 의지(生死)·의식의 분별작용(識)이 (일체) 멈추고

---

35 뒤에 수록된 『도지경道地經』 제7장 수행의 차제(道地)에서 55관五十五觀을 참조한다.

(부동심의 무념으로) 활동하지 않는다. 이것이 좌선수식(坐)이다.

식息에다 계념을 하여 도를 얻고도 다시 헤아려 살피는 것은, 식息은 아는 것(분별하는 바)이 없기 때문이다.

물음: 식息에다 계념을 하여 도를 얻고도 왜 아는 것이 없는가?

회답: 의식은 호흡의 숨(息)을 알지만 호흡의 숨은 의식을 모르므로 아는 바(분별하는 바)가 없는 것이다. 사람이 사유하고 헤아리는 의식 자체를 얻을 수는 없지만, 바로 수식을 하여 의념을 계념한 선정(意定)에 들게 해야 한다. 비록 수식만 한다 해도 악은 생기지 않지만 지혜는 없는 것이다. 마땅히 어떻게 수행을 해야 지혜를 얻는가? 1에서 10에 이르기까지 (어떤 것이) 정定이고 산란함인가를 분별하면 의식은 의지작용(行)에 약을 대처하니, 이미 선정의 마음(定意)을 얻고 나면 바로 지혜를 따르고, 사유로 헤아리게 되면 관觀에 들어가는 것이다.

🦋

何等爲十六勝即時自知? 喘息長即自知. 喘息短即自知. 喘息動身即自知. 喘息微即自知. 喘息快即自知. 喘息不快即自知. 喘息止即自知. 喘息不止即自知. 喘息歡心即自知. 喘息不歡心即自知. 內心念萬物已去, 不可復得, 喘息自知. 內無所復思喘息自知. 棄捐所思喘息自知. 不棄捐所思喘息自知. 放棄軀命喘息自知. 不放棄軀命喘息自知. 是爲十六即時自知也.

問, 何等爲莫過十數, 莫減十數?

報, 息已盡未數是爲過. 息未盡便數是爲減. 失數亦惡, 不及亦惡, 是爲兩惡.

至二息亂爲短息. 至九息亂爲長息. 得十息爲快息. 相隨爲微. 意在長便轉意. 我何以故念長? 意在短即時覺, 不得令意止爲著. 放棄軀命者謂行息, 得道意便放棄軀命, 未得道意常愛身故, 不放棄軀命也. 息細微爲道, 長爲生死, 短息動爲生死. 長於道爲短. 何以故. 不得道意, 無知見故爲短也.

數息爲單, 相隨爲複, 止爲一意, 觀爲知意, 還爲行道, 淨爲入道也. 數時爲念, 至十息爲持, 是爲外禪. 念身不淨, 隨空 是爲內禪也. 禪法惡來不受是名爲棄.

閉口數息, 隨氣出入. 知氣發何所, 滅何所. 意有所念不得數, 息有遲疾大小亦不得數, 耳聞聲亂亦不得數也. 數息意在息數爲不工. 行意在意 乃爲止. 數息意但在息, 是爲不工, 當知意所從起, 氣所滅. 是乃應數, 因緣盡便得定意也.

守意者, 念出入息已念息不生惡故, 爲守意. 息見因緣生, 無因緣滅, 因緣斷, 息止也. 數息爲至誠, 息不亂爲忍辱. 數息氣微, 不復覺出入. 如是當守一念, 止也. 息在身, 亦在外, 得因緣息生, 罪未盡, 故有息, 斷因緣, 息不復生也.

數息以爲隨第二禪. 何以故. 用不待念, 故爲隨第二禪也. 數息爲不守意, 念息乃爲守意. 息從外入, 息未盡, 息在入意, 在盡識在數也.

十息有十意爲十絆, 相隨有二意爲二絆, 止爲一意爲一絆. 不得息數爲惡, 意不可絆, 惡意止, 乃得數, 是爲和調, 可意絆也.

已得息棄息, 已得相隨棄相隨, 已得止棄止, 已得觀棄觀, 莫復還. 莫復還者, 莫復數.

息亦使意, 意亦使息也. 有所念爲息使意, 無所念爲意使息也.

息有四事. 一爲風, 二爲氣, 三爲息, 四爲喘. 有聲爲風, 無聲爲氣, 出入爲息, 氣出入不盡爲喘也.

數息斷外, 相隨斷內. 數從外入, 爲斷外, 亦欲離外因緣. 數從中出, 爲欲離內因緣. 外爲身離, 內爲意離. 身離·意離 是爲相隨, 出入息是爲二事也.

數息爲欲斷內外因緣. 何等爲內外? 謂眼耳鼻口身意爲內, 色聲香味細滑念爲外也.

行息爲使意向空, 但欲止餘意. 何以爲向空, 息中無所爲故也. 數息意走不卽時覺者, 罪重意輕. 罪引意去疾故, 不覺也. 行道已得息, 自厭息, 意欲轉, 不復欲數. 如是爲得息. 相隨止觀亦爾也.

知出入息滅, 滅爲得息相, 知生死不復用, 爲得生死相, 已得四禪. 但念空爲種道栽.

行息已得定, 不復覺氣出入, 便可觀. 一當觀五十五事, 二當觀身中十二因緣也.

問, 息出入寧有處不?

報, 息入時是其處, 出息時是其處.

數息身坐, 痛痒·思想·生死·識止不行. 是爲坐也.

念息得道, 復校計者, 用息無所知故.

問, 念息得道, 何以爲無所知?

報, 意知息, 息不知意, 是爲無所知. 人不能得校計意, 便令數息, 欲令意定. 雖數息, 但不生惡, 無有黠智. 當何等行得黠慧? 從一至十, 分別定亂, 識對行藥已, 得定意 便隨黠慧, 得校計, 爲墮觀也.

## 4. 안반의 수습법修習法 − 산수수습算數修習

물음: 수數[36]는 어떤 것인가?

회답: 수란 이른바 일(事)이다. 비유하면 사람은 일이 있으면 더 일을 찾기 마련이니, 그것이 (세상에 집착하는) 일(數)의 죄罪이다. 그러나 도를 수행하는 사람이 한 일은 복福이다. 왜냐하면 (안반수습安般修習을 행하여 1에서 10의 숫자에 이르니 정념의) 정확한 수는 10이기 때문이다. 1의 의념을 일으키면 1이고 2의 의념을 일으키면 2이고, 수가 10에서 끝나고 10에 이르면 마치기 때문에 10의 수는 복福이라고 말한다. 또 죄가 있다는 것은, 왜냐하면 (생사인연의 외적인 잡식雜息의) 식息을 파괴하지 못했기 때문에 그래서 죄인 것이다. 또한 의념은 생사를 소멸하지 못하고 세간(세상)에 빠지고 나면 세간의 일을 끊지 못하니 죄인 것이다. 6정六情[37]은 여섯 가지 일이지만 통양(감각적인 느낌)·사상(표상작용)·생사(의지작용)·의식(인식작용)을 합치면 열 가지 일이니, 응당 내적인 10의 식息에 상응해야 하고, 살생·투도·사음·양설(두 말)·악구(악담)·망언(거짓말)·기어(아첨의 말)·질투·성냄·어리석음은 응당 외적인 10의 식息에 상응해야 한다. 이른바 (내외의 집착을) 멈추고 행하지 않아야 하는 것이다.

---

36 수數: ①"마음이 행한 것"의 구역舊譯이다. ②법수法數를 말하기도 한다. 즉 법수로 불법의 이치를 표현한다. 예를 들면 3법인·4성제·12인연 등이다. ③지智의 다른 명칭이기도 하다.

37 6정六情: 눈·귀·코·혀·몸·의식의 6근六根을 말한다. 현장법사 이전의 구역舊譯의 경經과 논論에서는 주로 6정六情이라고 표현하였다.

물음: 열여섯 가지 일은 어떤 것인가?

회답: 열 가지 일이란 이른바 숫자가 10에 이르기까지이고, 여섯 가지란 이른바 수식·상수·지·관·환·정淨이다. 이것이 열여섯 가지 일이니, (이를) 행하고 버리지 않아야 도를 따르는 것이다.

물음: 수식의 의념이 풍風에 있으면 물질을 따른 것이다. 어찌 도에 상응하겠는가?

회답: 의념의 행이 수數에 가 있어도 물질을 의식하지 않지만, 기氣가 다 없어지면 바로 소멸해버리고 무상(非常)하니, 무상한 이치를 아는 것도 도인 것이다.

도를 수행하는 사람이 도를 얻고자 한다면 마땅히 좌坐·행行 두 가지 일을 알아야 한다. 첫째는 앉음(坐, 좌선)이고, 둘째는 경법에 의한 행(行)이다.

물음: 앉음(좌선)과 경법에 의한 행은 같은가 다른가?

회답: 어떤 때는 같고 어떤 때는 다르다. 수식·상수·지·관·환·정, 이 여섯 가지 일을 어떤 때는 앉아서 하고(좌선) 어떤 때는 경법에 의한 행行을 한다. 왜냐하면 수식은 의념을 계념한 선정(意定)이니, 이것이 앉음(좌선)이다. 의념이 법을 따르면 이것은 경법에 의한 행이다. 이미 도의 의념이 일어났다면 경법에 의한 행을 떠나지 않으니, 또한 앉음(좌선)인 것이다.

좌선법坐禪法은 1의 호흡에서 숫자 2를 세지 않고 2의 호흡에서 숫자 1을 세지 않는다. 1의 호흡에서 2를 셈이란 이른바 제1의 호흡이 아직 끝나지도 않았는데 바로 2라고 말한 것이니, 이것은 1에서 2를 센 것이다. 이와 같은 것은 지나친(과한) 정진이다. 2의 호흡에서

1을 셈이란 이른바 호흡은 이미 제2에 들어갔지만 방금 수는 1이라고 말한 것이니, 이것은 2에서 1을 센 것이다. 이와 같은 것은 미치지 못한(부족한) 정진이다. 3에서 4에 이르고, 5에서 6에 이르고, 7에서 8에 이르고, 9에서 10에 이르고, 각각 스스로의 부분이 있으니 마땅히 소속을 분별해야 한다. 1의 호흡에서는 1을 세고, 2의 호흡에서는 2를 세면 이것은 방법에 의한 행行이니 바로 정진에 속한다.

세 가지 좌선(坐)이 있는데 도에 속한다. 첫째 수식좌數息坐이고, 둘째 독경좌讀經坐이고, 셋째 경을 배우면서 좋아하는 좌선(聞經喜坐)이니, 이 세 가지이다.

좌선(坐)은 세 종류가 있다. 첫째 미합좌味合坐이고, 둘째 정좌淨坐이고, 셋째 번뇌가 없는 좌선(無有結坐)이다. 미합좌는 어떤 것인가? 이른바 의식이 행을 예의주시하여 서로 떠나지 않으니 이것이 미합좌이다. 정좌淨坐는 어떤 것인가? 이른바 의식이 분별작용을 하지 않아 정좌이다. 번뇌가 없는 좌선은 어떤 것인가? 이른바 번뇌를 이미 없애 번뇌가 없는 좌선인 것이다.

식息에는 세 종류가 있다. 첫째 잡식雜息이고, 둘째 정식淨息이고, 셋째 도식道息이다. 도를 행하지 못하면 그것은 잡식이다. 숫자가 10에 이르기까지 호흡이 산란하지 않으면 그것은 정식이다. 이미 도를 얻었다면 그것은 도식이다.

식息은 세 종류가 있다. 대식大息이 있고, 중식中息이 있고, 미식微息이 있다. 입으로 말하는 바가 있으면 이른바 대식의 지止이다. 도를 염하는 것은 중식의 지止이다. 4선四禪을 얻었으면 미식의 지止인 것이다.

물음: 부처님께서는 왜 사람들에게 수식수의(안반수의)를 하도록 가르치셨는가?

회답: 네 가지의 인연(원인)이 있다. 첫째는 통양(감각적인 느낌)을 없애고자 했기 때문이고, 둘째는 산란한 의식을 피하게 하고자 했기 때문이고, 셋째는 (생사의) 인연을 막고자 했으니 생사와의 만남을 원치 않았기 때문이고, 넷째는 열반의 도를 얻게 하고자 했기 때문이다.

비유하면 태양에 광명이 없다고 말하는 것은 네 가지 인연이 있어서이다. 첫째는 구름에 가려져 있기 때문이고, 둘째는 먼지에 가려져 있기 때문이고, 셋째는 큰 바람이 있기 때문이고, 넷째는 연기에 가려져 있기 때문이다. 수식을 얻지 못하는 것도 또한 네 가지 인연이 있다. 첫째는 생사를 계책하고 생각하기 때문이고, 둘째는 음식을 많이 먹었기 때문이고, 셋째는 극도로 피곤하기 때문이고, 넷째는 앉아(좌선)도 과실(죄)의 근본을 없애지 못하기 때문이다. 이 네 가지 일에서 (수식을) 하면 모두 상이 있다. ①앉아서 수식을 해도 홀연히 다른 일을 생각하고 수식의 의념(의식)을 잃으니, 이것은 의념이 타산적인 생각으로 바뀐 상태이다. ②골절이 모두 통증이고 오랫동안 앉지 못하니, 이것은 음식이 과다한 상태이다. ③몸은 무겁고 의식의 생각은 보려고 해도 눈은 침침하고 다만 잠만 자려고 하니, 이것은 극도로 피곤한 상태이다. ④사면(벽면)에 앉아(좌선)도 한 번의 호흡도 못하니, 이것은 과실(罪)의 근본상태이다. 과실을 알면 마땅히 경행經行[38]을 해야 한다. 만약 경문을 독송하고 앉는다면(좌선) 의식은 과실(罪)을 익히지 않으니, 또한 화(禍, 재난)가 없어지는 것이다.

　도를 수행하는 사람이 도를 행함에는 마땅히 근본을 생각해야
한다. 근본은 어떤 것인가? 이른바 심心·의意·식識[39] 그것이 근본이
다. 이 세 가지 일을 모두 집착하지 않고 보아야 하지만, 이미 (집착이)
생겼다면 바로 소멸해야 근본 의념은 다시 (집착이) 생기지 않는다.
이런 의념을 얻으면 바로 도의道意이다. 근본 의념이 이미 (집착을)
소멸하였다면 더 이어질 인연의 고통이 없고, 생긴다면 바로 끊는
것이다.

　선정의 마음(定意)이 매일 이롭게 나아가니, 매일 이롭게 나아가는
것은 선정의 마음을 위해서이다. 어떤 때는 수식(息)에서 선정의
마음을 얻고, 어떤 때는 상수相隨에서 선정의 마음을 얻고, 어떤
때는 지止에서 선정의 마음을 얻고, 어떤 때는 관觀에서 선정의 마음을
얻으니, 선정을 얻는 인연에 따라 직행直行[40]을 하는 것이다.

---

38　경행經行: ① 좌선을 할 때 졸음을 쫓기 위해 일정한 곳에서 안정하게 왔다
　　갔다 보행하는 걸 말한다. ② 불도佛道를 수행하고 배우는 것을 말한다.

39　심心·의意·식識: 통상적으로 마음(心)을 세 가지 측면으로 나눈 것이다. 소승의
　　설일체유부에서는 이 세 가지 측면을 하나로 본다. 대승의 유식학唯識學에서는
　　마음이 모든 현상을 발생하게 하는 원인의 집합체로 본다. 그중에 심心을 제8식
　　(Ālaya-vijñānā, 아라야식)이라고 한다. 이는 일체 현상의 생기生起의 근본이니,
　　즉 만법의 근본 종자이다. 의意는 제7식(manas-vijñānā, 말나식)이라고 한다.
　　이는 자아의식 생기의 기초이다. 식識은 제6식이라고 한다. 이는 요별了別의
　　의미로서 인식작용을 말하며 특히 제6식의 의식이다. 다시 말해 심(citta)은
　　집기集起의 의미이고, 의(manas)는 사려思慮의 의미이고, 식(vijñānā)은 요별了
　　別의 의미이다.

40　직행直行: 8정도의 하나로, 정업正業의 고역古譯이다.

호흡의 행도 또한 탐심에 빠진다. 왜냐하면 의념이 선정을 함으로써 바로 기뻐하기 때문이다. 마땅히 바로 출식(날숨)·입식(들숨)을 셈해야 의념이 소멸할 때 호흡이 생기면 몸이 사는 것이고 호흡이 소멸하면 몸이 소멸(죽음)하는 것이니, 아직 생사의 고통에서 해탈하지 못했기 때문이다. 왜냐하면 (집착한) 기쁨을 미리 헤아리면 이와 같이 바로 탐하는 것을 멈추기 때문이다.

수식은 빠르고자 하고 상수는 늦고자 하니, 어떤 때는 수식을 마땅히 안온하게 해야 하고 상수일 때는 마땅히 빠르게 해야 한다. 왜냐하면 수식의 의념을 산란하지 않게 하려면 마땅히 안온하게 해야 하고, 숫자가 산란하면 마땅히 빠르게 해야 하기 때문이다. 상수도 또한 이와 마찬가지이다.

問, 何等爲數?

報, 數者, 謂事. 譬如人有事更求, 是爲數罪. 道人數福. 何以故.
正爲十. 一意起爲一, 二意起爲二, 數終於十, 至十爲竟, 故言十
數爲福. 復有罪者, 用不能壞息, 故爲罪. 亦謂意生死不滅, 墮世
間已, 不斷世間事, 爲罪也. 六情爲六事, 痛痒·思想·生死·識,
合爲十事, 應內十息, 殺盜婬兩舌惡口妄言綺語嫉妒瞋恚癡, 應
外十息. 謂止不行也.

問, 何等爲十六事?

報, 十事者, 謂數至十. 六者, 謂數·相隨·止·觀·還·淨. 是爲十六
事, 爲行不離, 爲隨道也.

問, 數息念風爲隨色. 何以應道?

報, 行意在數不念色, 氣盡便滅, 墮非常, 知非常爲道也.

道人欲得道, 要當知坐行二事. 一者爲坐, 二者爲行.

問, 坐與行爲同不同?

報, 有時同, 有時不同. 數息·相隨·止·觀·還·淨, 此六事有時爲
坐, 有時爲行. 何以故. 數息意定是爲坐. 意隨法, 是爲行. 已起意
不離爲行, 亦爲坐也.

坐禪法, 一不數二, 二不數一. 一數二者, 謂數一息未竟便言二,
是爲一數二. 如是爲過精進. 二數一者, 謂息已入, 二甫言一, 是
爲二數一. 如是爲不及精進. 從三至四, 五至六, 七至八, 九至十.
各自有分部, 當分別所屬. 在一數一, 在二數二, 是爲法行, 便墮

精進也.

有三坐墮道. 一爲數息坐, 二爲誦經坐, 三爲聞經喜坐, 是爲三也.

坐有三品. 一爲味合坐, 二爲淨坐, 三爲無有結坐. 何等爲味合坐? 謂意著行不離, 是爲味合坐. 何謂爲淨坐? 謂不念爲淨坐. 何等爲無有結坐? 謂結已盡, 爲無有結坐也.

息有三輩. 一爲雜息, 二爲淨息, 三爲道息. 不行道, 是爲雜息. 數至十息不亂, 是爲淨息. 已得道, 是爲道息也.

息有三輩. 有大息, 有中息, 有微息. 口有所語, 謂大息止. 念道, 中息止. 得四禪, 微息止也.

問, 佛何以教人數息守意?

報, 有四因緣. 一者用不欲痛故, 二者用避亂意故, 三者用閉因緣, 不欲與生死會故, 四者用欲得泥洹道故也.

譬喻說曰, 無光明者有四因緣. 一者用有雲故, 二者用有塵故, 三者用有大風故, 四者用有烟故. 數息不得, 亦有四因緣. 一者用念生死校計故, 二者用飲食多故, 三者用疲極故, 四者用坐不得更罪地故. 此四事來, 皆有相. 坐數息, 忽念他事, 失息意, 是爲念校計相. 骨節盡痛, 不能久坐, 是爲食多相. 身重意瞪瞢, 但欲睡眠, 是爲疲極相. 四面坐不得一息, 是爲罪地相. 以知罪, 當經行. 若讀經文坐, 意不習罪, 亦禍消也.

道人行道, 當念本. 何等爲本? 謂心意識是爲本. 是三事皆不見, 已生便滅, 本意不復生. 得是意爲道意. 本意已滅, 無爲痛更因緣, 生便斷也.

定意日勝, 日勝爲定意. 有時從息得定意, 有時從相隨得定意, 有時從止得定意, 有時從觀得定意, 隨得定因緣直行也.

行息亦墮貪. 何以故. 意以定便喜故. 便當計出息入息, 念滅時. 息生身生, 息滅身滅. 尚未脫生死苦. 何以故. 喜已計, 如是便貪止也.

數息欲疾, 相隨欲遲. 有時數息當安徐, 相隨時當爲疾. 何以故. 數息意不亂當安徐, 數亂當爲疾. 相隨亦同如是也.

## 5. 안반의 득익得益

제1 수식數息은 또한 상수相隨이기도 하지만 생각하는 바는 다르다. 비록 수식은 응당 (호흡의) 기가 나오고 들어감을 알지만 의념이 숫자에 전념하는 것이다.

수식에서 다시 상수·지止·관觀을 행해야 하는 것은 이른바 식息을 얻지 못해서이다. 전세(전생)에 상수·지·관을 닦은 습기가 있어 비록 상수·지·관을 (금세에) 얻었다 해도 마땅히 다시 수식에서 시작해야 하는 것이다.

수식의 의념을 버리지 않으니 그것이 법이고, (수식의 의념을) 버렸다면 법이 아니다. 수식의 의념은 과실(죄)을 따르지 않지만, 의념(의식)이 세간(세상)에 가 있다면 바로 과실에 빠진 것이다. 수식은 의념을 산란하지 않게 하기 때문이다. 의념이 산란하지 않아 다시 상수를 행하는 것은 상층의 의념을 증득하기 위한 것으로 그 앎이 지止인 것이다. 지止와 관觀이 같고, 환還과 정淨이 같다.

행도行道[41]에서 (비록) 세심한 의념을 얻었어도 마땅히 전도된 의식이면 이른바 더 (한층 전념하여) 마땅히 수식을 해야 한다. 만약 독경은 이미 마쳤고, 바로 다시 선禪을 행해 의념이 세심해진 자이면 이른바 수식은 하지 않는다 해도 상수를 행해야 한다.

부처님께 여섯 가지 청정한 의념이 있다고 하셨으니, 이른바 수식·상수·지·관·환·정이다. 이 여섯 가지 일은 능히 (마음을 통제)하지만, (이 여섯 가지 의념의 마음은) 형상이 없는 것이다. 식(息: 한

---

41 행도行道: 두 가지 의미가 있다. ①좌선을 할 때 졸음을 없애기 위한 경행經行을 말한다. ②불법을 배워 수행함을 말한다.

번의 날숨과 들숨의 호흡)은 또한 그것이 의식이면서 또한 의식이
아니다. 왜냐하면 (수식에서) 숫자를 셀 때 의식이 호흡에 가 있는
그 자체이기 때문이다. 숫자를 세지 않을 때는 의식과 호흡은 각자의
행을 하니, 그것은 의식이 아니다. 호흡을 따라 의식이 생기고 나면
(순간 호흡과 상응된 의식은 활동을) 멈추게 되고 무의식(uncon-
scious)의 상태인 것이다.

사람은 의식을 부리지 못하지만 의식은 사람을 부린다. 의식을
부린다는 것은 이른바 수식·상수·지·관·환·정으로, 37품경(37도품)
을 염하는 그것이 바로 의식을 부리는 것이다. 사람은 도를 행하지
않으면 욕망을 따라 탐심을 찾으니, 그것이 바로 의식이 사람을 부리는
것이다.

호흡에 (따른 의식에) 번뇌가 있으니, 호흡을 하는 중에 번뇌를
버리지 못하면 수식을 얻지 못한다. 호흡에 (따른 의식에 있는) 번뇌는
어떤 것인가? 이른바 세 가지 어둠 속에서 가장 힘든 것이니, 그것은
호흡을 하는 중의 번뇌이다. 세 가지 어둠은 어떤 것인가? 이른바
3독이 일어날 때 몸은 바로 어둠 속에 있기 때문에 세 가지 어둠을
말한 것이다. 3독이란 첫째 탐음貪婬이고, 둘째 성냄이고, 셋째 어리석
음이다. 사람들은 모두 이 세 가지 일(3독)에 (일생 동안) 앉았다가
죽기 때문에 독毒이라고 말한 것이다.

수식을 할 때 마음(자아의식)은 숫자에 가 있다. 호흡을 하면서
(마음이) 숫자에 가 있지 못할 때 세 가지 마음(자아의식)이 있다.
즉 (1) 선한 마음이 있고, (2) 악한 마음이 있고, (3) 선도 아니고
악도 아닌 마음이 있다.

사람이 얻는 호흡의 현상을 알고자 하는 자는 마땅히 만물 및 모든 좋은 물질을 관觀해야 하고, 마음(자아의식)은 다시 집착하지 않아야 그것이 호흡의 현상을 얻게 되는 것이다. 마음(자아의식)이 다시 집착을 하면 그것은 (아직 호흡의 현상을) 얻지 못한 것이니, 마땅히 더 정진을 해야 한다.

가정생활 속에서 마음(자아의식)이 욕망을 없애고자 한다 해도 이른바 6정(6근)이 마음의 집이니, 만물을 탐내고 애착하는 모든 것이 (곧) 마음(자아의식)의 집인 것이다.

상수란 이른바 선법善法을 수행하는 것이다. 이것에서 해탈을 얻으니 마땅히 상수와 함께 해야 하고, 또한 5음·6입(6처)을 따르지 않는 것을 일컬으니 식息과 마음(자아의식)이 서로 (선법을) 따라야 하는 것이다.

물음: 제3 지止는 왜 코끝에다 집중을 하는가?

회답: 원인은 수식·상수·지·관·환·정은 모두 (호흡이) 코로부터 나오고 들어가니, 마음(자아의식)이 이미 습관이 되어 길들여진 곳이기 때문에 또한 쉽게 인식을 한다. 그렇기 때문에 코끝에다 집중을 하는 것이다.

악의惡意[42]가 나오는 것은 선禪을 끊는 것이니, 어떤 때는 코끝에다 집중하고 어떤 때는 마음에다 집중하지만, 집착하는 곳에다 집중하기도 한다. 삿됨이 오면 사람의 마음(자아의식)이 산란하지만 한 가지 일을 직관直觀하면 모든 악이 와도 마음은 마땅히 움직이지 않으니,

---

42 악의惡意: 범어 durmati의 의역이고, 악업을 만드는 마음을 말한다. 또한 악의는 불법을 방해할 수 있어 불법을 버리게 하여 법을 파괴하는 마음이다.

마음이 그것을 두려워하지 않는 것이다.

지止에는 네 가지가 있다. 첫째 숫자에다 하는 지이고, 둘째 상수에다 하는 지이고, 셋째 코끝에다 하는 지이고, 넷째 호흡의 숨과 마음에다 하는 지이다. 지止란 이른바 5락五樂[43]·6입六入을 마땅히 억제하여 그것을 멈추게 하는 것이다.

입식(들숨)이 모두 코끝에 이르러 멈추면 이른바 악은 다시 들어오지 못하고 코끝에 이르러 멈춘다. 출식(날숨)이 모두 코끝에 이르러 집중하면 이른바 마음(자아의식)은 다시 몸이 악의를 행하도록 분산되지 않기 때문에 코끝에다 집중을 한다. 또한 호흡이 처음 들어올 때 바로 일념이 되어 다시 바뀌지 않는다. 호흡의 출입(날숨 들숨)도 또한 다시 느끼지 못하니, 그것이 지止인 것이다.

지止란 이른바 같음이니, 출식(날숨)·입식(들숨)이 같은 것이다. 앞의 의식이 (날숨 들숨이) 나온 줄 느끼고 알게 되면 뒤의 의식은 (날숨 들숨이) 나와도 느끼지 못한다. 앞의 의식이 (날숨 들숨을) 느끼게 되면 이는 전후의 의식이 서로 관하는 것이니, 바로 출입식(날숨 들숨)을 살핀다. (날숨 들숨의) 소멸(敗)을 보면 바로 (소멸의) 상태를 느끼고 생사를 무서워하며 바로 (생사의) 의념을 물리치고 곧 도의道意에 순응하는 상태이다.

(제3 지止에서 전후의 의식이 서로 관할 때는) 상수相隨를 하지 말라는 것은 다만 (의념의) 생각을 코끝에다 집중하면 5음의 인연을 다시 생각하지 않고 과실(죄)을 끊고 마음(자아의식)이 소멸하면서도

---

43 5락五樂: 색(물질)·소리·향기·맛·감촉 등 다섯 가지 욕망의 대상에서 오는 쾌락을 말한다.

또한 천식喘息이 아니니, 이것이 지止인 것이다. (제3 지止에서 전후의 의식이 서로 관할 때는) 상수를 하지 말라는 것은 이른바 의념이 다시 호흡의 출입을 관여하지 않아야 5음의 인연을 따라도 다시 천식喘息에 이르지 않아서이다.

제4 관觀이란 호흡(날숨 들숨)의 소멸을 관했을 때 (의식의) 관觀함과 신체는 (서로 그 실체가) 다르니, (의식이) 호흡을 보면 (생사의) 인연에서 생기고 (생사) 인연이 없으면 (호흡이) 소멸하는 것이다.

마음·자아(말나식)의 사려가 도道의 현상을 느끼는 것(心意受相)이란 이른바 의욕으로 얻는 것이 있게 되면 마음은 인연의 만남을 계산하지만 마땅히 다시 소멸해야 하니, 바로 바라던 것을 끊고 다시는 (이런 욕구를) 향하지 않게 한다. 이것은 마음·자아(말나식)의 사려가 도道의 현상을 느끼는 것이다.

의식이 인연에 의해 모든 상을 관하는 것은 이른바 의식이 5음에 의한 인연을 알아서 출식(날숨)도 또한 관하고 입식(들숨)도 또한 관하는 것이다. 관觀이란 이른바 5음을 관하니, 그것은 (출식 입식의 현상을) 모두 관觀하는 것이다. 또한 전후의 의식이 서로 관하니, 이 두 인연에 의해 (마음의) 내면에서 악념을 끊는 도이다.

출식(날숨)이 다르고 입식(들숨)이 다름을 관觀하는 것은 이른바 출식은 욕구의 의지작용이고, 입식은 표상작용이다. 어떤 때는 출식이 감수작용이고, 입식이 인식작용(의식작용)이다. (외적인) 인연을 따라 (의식의 인식이) 일어남에 의해 바로 감수작용을 하며 의식이 향하는 바는 항상 일정함이 없으니, 그렇기 때문에 다르다. 도를 수행하는 사람은 마땅히 분별하여 (이 이치를) 알아야 한다. 또한

(출입식이 다름이란) 이른바 출식이 소멸하면 입식이 생기고, 입식이 소멸하면 출식이 생기는 것이다.

원인의 실체가 없다는 것(無有故)은 사람과 의식 및 만물을 말한 것이다. (예컨대) 의식은 일어나고 나면 소멸하고 만물은 태어나면 다시 죽기 마련이니, 그것이 원인의 실체가 없다는 것이다.[44]

출식(날숨)은 입식(들숨)이 아니고 입식은 출식이 아니니, (출입식이 서로) 아닌 것은 이른바 출식일 때 의념(자아의식)은 입식을 생각하지 않고, 입식일 때 의념은 출식(날숨)을 생각하지 않으니, 생각하는 바가 (각각) 다르기 때문에 (출입식이 서로) 아닌 것이라고 말한 것이다.

정도正道의 믿음(中信)이란 이른바 도에 들어가 견도見道[45]의 인연으로 도를 믿는 것이니, 그것이 정도의 믿음이다.

제5 환還이 번뇌를 버린다는 것은 이른바 몸의 일곱 가지 악을 버리는 것이다. 제6 정淨이 번뇌를 버린다는 것은 마음(자아의식)의 세 가지 악을 버리는 것이니, 이를 환還이라 한다. 환이란 마음(자아의

---

44 왜냐하면 만약 사람 및 만물에 원인의 실체가 있다면 그 자성으로 인해 태어남과 죽음은 영원히 없기 때문이다. 연기소생緣起所生으로 인하여 만물은 그 원인의 실체가 없기 때문에 무자성無自性이며, 잠정적으로 태어남과 죽음이 있는 현상적인 존재일 뿐이다.

45 견도見道: 견제見諦·견제도見諦道라고도 한다. 이는 무루지無漏智가 생기기 시작하는 단계로서 4제四諦의 진제眞諦를 체득한다. 견도 이전은 범부의 단계이고, 견도 이후는 수도의 단계로 성자聖者가 되는 단계이다. 대승에서는 견도를 초지라고 하고, 제2지 이상을 수도修道라고 한다. 또 제10지와 불과佛果를 무학도라고 한다.

식)이 다시 악을 일으키지 않는 것이다. 악이란 그것(선한 마음)이 되돌아오지 못하는 것이다. 몸의 악을 되돌린다는 것은 이른바 악을 버리고(몸의 일곱 가지 악을 버림) 제5 환還을 얻어 오히려 몸이 있어도 또한 몸이 (있다는 느낌 자체도) 없는 것이다. 왜냐하면 (자아의) 의식이 (집착해) 있으면 몸이 있지만, (자아의) 의식이 (집착이) 없으면 (인식한) 몸이 없기 때문이다. 마음(자아의식)은 사람의 (Ālaya식) 종자이니, (이른바 생사의 번뇌를 버린다면) 이를 환還이라 한다. 환이란 이른바 마음(자아의식)이 다시 악을 일으키지 않는 것이니, (이미) 악을 일으킨 것이면 그것(선한 마음)은 되돌아오지 못하는 것이다. 또한 이른바 먼저(제5 환으로 7악을 버림)는 몸을 돕고, 뒤(제6 정으로 3악을 버림)에는 마음(자아의식)을 돕는다. 살생·투도(도둑질)·사음·양설(이중 말)·악구(악담)·망언(거짓말)·기어(아첨의 말)를 하지 않으니, 이것은 몸을 돕는 것이다. 질투·성냄·어리석음을 하지 않으니, 이것은 마음(자아의식)을 돕는 것이다.

5음을 되돌린다는 것은, 비유하면 금을 샀는데 (도금을 한) 돌을 얻어 바로 땅에다 버리고 사용치 않는 것과 같다. 사람은 모두 5음을 탐애하고 고통을 얻지만, 바로 (5음을 탐내는) 욕심을 내지 않으면 그것은 5음을 되돌린 것이다.

어떤 것이 바로 고통이 멸해 없어진 곳을 보는 것인가 하면, 이른바 무소유 그것이 고통이 멸한 곳이다.

물음: 이미 무소유라면 왜 (고통이 소멸한) 곳이라고 하는가?

무소유처는 네 곳이 있다. 첫째, 나는 새는 허공이 (머무르는) 곳이다. 둘째, 아라한은 열반이 (머무르는) 곳이다. 셋째, 도는 무유無

有가 (머무르는) 곳이다. 넷째, 법(인간을 포함한 만물)은 (의식이) 관觀하는 곳에 있다.

출식(날숨) 입식(들숨)에서 5음의 상을 느끼는 것은 이른바 마음(자아의식)이 삿된 생각을 빨리 전환시켜 올바름(정념)으로 되돌아와 삿된 생각을 끊게 하는 것이니, 5음의 상을 느끼는 것이다. (단 여기에서) 느낀다고 말한 것은 이른바 (5음을) 받아들이지 않는 상을 느낀다고 한 것이다.

5음의 상을 느낌으로써 어느 곳에서 (5음이) 일어나고 어느 곳에서 소멸하는지를 안다. (이러한) 소멸이란 12인연을 받아들였음이니, 사람은 12인연의 과정으로 태어나고 또한 12인연의 과정으로 죽는다. 생각하지 않음이란 5음을 생각하지 않는 것이다. (5음의 상이) 어느 곳에서 일어나고 어느 곳에서 소멸하는지 아는 것은 이른바 선악의 인연이 일어나면 바로 다시 (생각하지 않고 끊어버려서) 소멸해버린다. 또한 (5음을 인간의) 몸이라고 말하고 또한 기氣의 생멸이라고도 말한다. (5음의) 생각은 바로 태어남이지만, 생각하지 않음은 바로 죽음이다. 마음(자아의식)과 몸은 동등한 것이지만, (마음과 몸의 5음을 생각하지 않는) 이것이 생사도(윤회도)를 끊는 것이다. 이 생사지간의 일체 악한 일은 모두 마음(자아의 분별심)에서 나오는 것이다.

지금의 생각은 앞서의 생각이 아니고 앞서의 생각은 지금의 생각이 아닌 것이란, 이른바 앞서 생각한 바는 이미 소멸하였으니 지금의 생각은 앞서의 생각이 아닌 것이다. 또한 이른바 전세(전생)에 지은 것은 금세(현생)에서도 짓는 것이지만 (전세와 금세의 행업은) 각기 스스로 복을 얻는다. 또한 이른바 지금 행한 선善은 앞서 행한 악이 아니다. 또한 이른바 지금의 호흡은 앞서의 호흡이 아니고, 앞서의 호흡은 지금의 호흡이 아닌 것이다.

생사를 분별하는 것이란 자아의식(意)은 상념이 생기면 즉 생기고, 상념이 소멸하면 즉 소멸한다. (그렇기) 때문에 생사를 말한 것이다. 마땅히 만물 및 자신의 몸을 분별해야 하지만, 과거·미래의 복은 다 없어진다. 왜 없어지는가 하면 태어남으로써 바로 (살아생전에 복을 소모하여) 소멸하고, 소멸하면 (죽음이 도래하며) 바로 다 없어 지는 것이다. 이미 없어지는 줄 (이 이치를) 알았으면 마땅히 능력을 다해 (도를) 찾아야 하는 것이다.

과거세의 위로 거슬러 올라가 보면 따라 온 바가 없다는 것이란, 이른바 (진제眞諦의 공의 원리에서 보면 불생불멸이고 공이기 때문에 과거세로부터) 사람은 따라 온 바가 없지만, (Ālaya 연기론에서 보면) 마음(자아의식)이 (행업을) 일으켜 사람이 된 것이다. 또한 이른바 (금세의) 사람은 스스로 (자신을 금세에) 만들어서 온 자가 아니지만, (업의 인과론에서 보면 과거의 자신이 지은 업을) 따라 온 바가 있는 것이다. (업의 인과론에서 보면) 사람은 자신이 (행업을) 짓고 자신이 (그 과를) 얻지만, (진제의 공의 원리에서 보면 업을 짓고 과를 얻는) 그것은 (그 실체가 무자성이고 불생불멸이고 공이기 때문) 따라 온 바가 없다는 것이다.

생사를 마땅히 분별해야 하는 것은 이른바 5음을 분별할 줄 아는 것이다. 또한 분별하는 의식이 생사를 알지만 사람은 분별하는 의식을 영원한 주체로 여긴다. 그러나 영원한 주체가 없는 줄 아는 것도 또한 분별인 것이다.

미래세에 (생사윤회에) 처할 곳이 없도록 살펴보는 것이란, 지금 현재에선 죄인이라고 보지 않아도 생사(윤회)에서의 만남은 마땅히 (생사업의) 죄에서 해탈을 얻지 못하였기 때문이니, 미래세에 (생사윤회에) 처할 곳이 없도록 살펴보는 것을 말하였다.

아직 도적道跡[46]을 얻지 못하였고 얻지 못한 중도에 목숨은 끝나니, 이른바 이미 (수행하여) 15의(十五意: 견도에서의 15가지 마음상태)를 얻었다고 해도 (도적을) 얻지 못한 중도에 죽기도 한다. 마땅히 15의十五意를 얻어야만 바로 도에 들어가고 또한 더 상승하여 아라한[47]에까지 이르게 된다. 중간에 득도得道를 한다고 해도 또한 (도적道跡을 얻지 못한) 중도에 목숨이 끝나기도 하니, 이 (목숨의 끝남은) 호흡·의식·몸 세 가지의 일이다. 이른바 선악의 마음(자아의식)은 마땅히 도적道跡을 얻어야 하지만, 역시 또 중도에 다시 파괴되기도 한다. 호흡이 소멸하면 다시 생기고 선한 마음이 일어나도 다시 소멸하지만, 몸은 또한 (도적道跡을) 얻지 못한 중도에 죽는 것이다.

정淨은 어떤 것인가? 이른바 모든 탐욕은 부정(不淨: 번뇌의 더러움)

---

46 도적道跡: ①부처님께서 중생교화를 위해 베푸신 일체 법, ②보리菩提의 도道를 말한다.

47 아라한阿羅漢: 범어 arhat의 주격 arhan의 음역이고, 의미는 깨달음을 얻은 성자이다. 그리고 타인으로부터 응당 공양을 받을 만한 사람이란 뜻이다. 또한 부처님의 10호(열 가지 명칭) 중에 하나이다. 그래서 부처님을 의미한다. 단 소승불교에서는 아라한이 최고의 성자聖者이다. 본래 아라한은 부처님을 일컫던 말이지만, 후에 부처님을 최고로 보고 그 다음은 부처님 제자 중에 제일 높은 경지에 오른 분을 아라한의 계위에 올랐다고 하였다.

이지만, 탐욕을 없애면 그것은 정(淨: 번뇌가 소멸된 청정)이다.

5음의 상은 어떤 것인가? 비유하면 불은 음陰이고, 땔나무는 불의 상相인 것과 같다. 수식(息)에서 정淨에 이르기까지 그것은 모두 관觀에 속하니, 이른바 몸을 관함(觀身)·상수·지·관·환·정은 본래 없는 것이다. 내심은 수식을 하고 외심은 악의 인연을 끊으니, 이것이 두 가지 마음인 것이다.

물음: 왜 먼저 내외로 신체를 관觀하지 않고 반대로 먼저 수식·상수·지·관·환·정을 하는가?

회답: 왜냐하면 마음(자아의식)의 분별작용(意)은 번뇌의 더러움(不淨)[48]이기 때문에 (자신의) 몸을 보지(집착) 않으면 마음은 이미 청정하니, 바로 몸의 내외적인 것을 모두 본 것이다.

도에 의한 행은 열아홉 가지의 행[49]이 있다. 왜냐하면 사람은 열아홉 가지의 병[50]이 있기 때문에 또한 열아홉 가지의 약이 있는 것이다.

---

48 부정不淨: 오염·번뇌의 더러움·죄악·추악 등의 총칭이다. 예를 들면 부정관不淨觀에는 일곱 가지의 부정이 있다.

49 열아홉 가지 행: 도에 의한 열아홉 가지 행은, 즉 ①몸을 더럽다고 관하는 부정관不淨觀, ②~⑤까지는 4무량심의 자관·비관·회관·사관捨觀이고, ⑥~⑰까지는 열두 가지 근본을 관하는 12인연관이고, ⑱~⑲까지는 안반수의 중 수식관의 ①입식(들숨) 및 ②출식(날숨)을 계념하는 행이다.

50 열아홉 가지 병: 『수행도지경』 제2권에 의하면 사람의 병을 열아홉 가지라고 하였다. 즉 "사람의 인정을 관찰하면 모두 열아홉 가지의 부류가 있다. …… 이른바 ①탐음, ②성냄, ③어리석음, ④음심의 분노, ⑤음심의 어리석음, ⑥어리석은 성냄, ⑦음심의 분노로 어리석은 것, ⑧말(口)은 청정하나 마음은 음심하고, ⑨말은 유순하지만 마음은 강직하고, ⑩말은 지혜로우나 마음은 어리석고, ⑪말은 미사여구이나 마음은 삼독을 품고 있고, ⑫말은 거칠지만 마음은 온화하

몸을 관觀하고 몸을 악로惡露[51]라고 생각하면 그것은 탐음貪婬을 멈추는 약이다. 4등심(四等心, 4무량심)을 염하면 그것은 성냄을 멈추는 약이다. 자신에게 본래 어떤 인연이 있는가를 헤아려보면 그것은 어리석음을 멈추는 약이다. 안반수의, 그것은 이런 잡다한 생각들에 약이다.

내외로 자신이 신체를 관觀하니, 신身은 어떤 것인가? 체體는 어떤 것인가? 골육이 신身이고, 6정(6근)과 합치면 체體(신체)이다. 6정은 어떤 것인가? 이른바 눈은 외적인 물질과 결합하고, 귀는 소리를 받아들이고, 코는 냄새를 접하고, 입은 맛을 원하고, 섬세하고 윤택한 감촉을 원하는 것이 몸이다. 삿된 마음(衰意)이 종자이고 싹을 키우는 것이 어리석음이니, (이것으로 인하여 업의 결과로) 생물(동식물의 총칭)이 있는 것이다.

내외적인 신체의 원인을 거듭 나타낸 것은 무엇인가? 이른바 사람이 찾는 탐심에는 크고 작음이 있고 선후가 있어서이니, 이른바 얻고자 하는 것은 마땅히 분별하여 관해야 한다. 관觀이란 관조해 보는 염念[52]

고, ⑬ 말은 악하지만 마음은 강직하고, ⑭ 말이 거칠면서 마음은 어리석고, ⑮ 입이 거칠면서 마음은 삼독을 품고 있고, ⑯ 말이 어리석으면서 마음은 음심하고, ⑰ 말이 어리석으면서 분노를 품고 있고, ⑱ 마음과 입이 함께 어리석고, ⑲ 말이 어리석으면서 마음은 삼독을 품고 있다(觀察人情凡十九輩 …… 一曰貪婬二曰瞋恚三曰愚癡四曰婬怒五曰婬癡六曰癡恚七曰婬怒愚癡八曰口淸意婬九曰言柔心剛十曰口慧心癡十一者言美而懷三毒十二者言麤心和十三者惡口心剛十四者言麤心癡十五者言麤而懷三毒十六者口癡心婬十七者口癡懷怒十八者心口俱癡十九者口癡心懷三毒)."

51 악로惡露: 몸속에 똥·오줌·땀 등 36가지 물건이 있어 몸을 부정(不淨, 더러움)의 의미로 본다. 그래서 몸을 악로惡露로 본 것이다.

이고, 염念은 관조해 보는 원인이고, 관이란 앎인 것이다.

신관지身觀止[53]란 좌선을 하면 (몸에 대해 부정관의) 상념을 시작하고, (부정관의) 상념을 시작한 후에 마음은 분산치 않으니, 상념에서 행하며 집착하던 바를 인식하는 그것이 신관지인 것이다.

출식(날숨) 입식(들숨)의 의념(念)이 소멸할 때, 무엇을 의념이 소멸할 때라고 하는가? 이른바 의념의 출입(날숨 들숨)의 기氣가 없어질 때가 바로 호흡에 계념하던 의념이 소멸하는 것이다. 출식 입식의 의념이 소멸할 때를 비유하면, 허공에다 그림을 그리면 아무것도 없는 것처럼, 생사의 의식이든 도의 의식이든 모두 그러한 것(공)이다. 출식 입식의 의념이 소멸할 때 또한 호흡의 소멸을 말하지 않았지만 의념의 호흡(息: 날숨 들숨)인 것이다. 소멸할 때를 말하면 출식 입식의 의념이 소멸할 때 처음 시작하는 인연의 생기로부터(物從[54]因緣生) 근본을 끊는 것이 소멸할 때인 것이다.

내외적인 통양(감각적인 느낌)의 견관見觀이란 통양이 일어난 것을 보고 바로 관하면 그것이 견관인 것이다. 내외적인 통양이란 이른바 외부의 좋은 사물은 외양外痒이고, 외부의 좋지 못한 사물은 외통外痛

---

이다. 내적인 생각으로 느끼면 내양內痒이고, 내적인 생각으로 느끼지 못하면 내통內痛이다. 내적이면 내법內法이고, 외적인 인연에 있으면 외법外法이다. 또한 이른바 눈은 내적이고 색(물질)은 외적이다. 귀는 내적이고 소리는 외적이다. 코는 내적이고 냄새는 외적이다. 입은 내적이고 맛은 외적이다. 마음은 내적이고 생각은 외적이다. 좋고 세심하고 매끄러움을 보면 마음(의욕)이 얻고자 하는 그것은 양痒이 고, 거칠고 악한 것을 보면 마음에서 원치 않는 그것은 통痛이니, (통·양) 둘은 모두 죄에 속하는 것이다.

통양(감각적인 느낌)을 관하여 멈추게 함이란, 만약 사람에게 팔의 통증이 있어도 마음(의식)이 통증을 느끼지 않으려면 반대로 다른 일체 사람들 몸의 통증을 생각하고, 그와 같이 하면 마음은 (자신의) 통증에 가 있지 않아 (통증이) 멈춰지는 것이다. 통증을 또한 생각할 수도 있고 또한 생각하지 않을 수도 있지만, 통증에 대한 생각에 집착하는 바가 없으려고 하면 자신의 몸을 좋아할 때는 마땅히 타인의 몸을 관觀해야 하고, 마음이 타인의 몸을 좋아할 때는 마땅히 자신의 몸을 관해야 하니, 또한 지止인 것이다.

내외적인 통양의 원인을 거듭 나타낸 것은 무엇인가? 이른바 사람이 물질을 보면 좋아하는 것에 얇고 두터움이 있는데 그런 마음은 평등하 게 보지 못하니, (내외적인 통양에) 많고 적음이 다르기 때문이다. 주의해 분별하고 도를 관하면 마땅히 어리석음이 있게 돼 내관內觀을 해야 하고, 마땅히 스스로 증득을 함으로써 외관外觀을 해야 하는 것이다.

몸과 마음의 통양(감각적인 느낌)은 각각 다르다. 춥고 덥고, 칼과

막대의 통증을 받는다면 그것은 몸의 통증(痛)이다. 맛있는 음식과 좋은 차(수레)를 타고 좋은 옷 등으로 몸을 모두 편안하게 하면 그것은 몸의 소양증(痒)이다. 마음의 통증이란 몸이 자신을 근심하고 다시 타인 및 만사를 근심하니, 그것은 마음의 통증이다. 마음이 좋은 것 및 모든 기쁨을 얻는다면 그것은 마음의 소양증(痒)이다.

의상관意相觀이란 두 가지 인연이 있는데, 내면의 악념을 끊는 방법(道)이다. 첫째 이른바 5락(五樂: 다섯 가지 욕망의 즐거움)과 둘째 6쇠(六境: 여섯 가지의 외적인 인식대상)를 마땅히 억제하여 그것을 끊는다. 관觀이란 자신이 몸을 관하는 것이다. 몸은 (본래) 거칠고 섬세함을 몰라서 (감수를) 얻음으로써 느끼게 되니, 그것을 선후의 의식이 서로 관하는 것이다. 선후의 의식이 서로 관하는 것은 호흡(息)이 또한 그 마음이고 숫자가 또한 그 마음이니, 수식을 할 때 호흡을 관하면 선후의 의식이 서로 관하는 것이다.

의관지意觀止란 음욕이 일어나면 억제하여 (음욕을) 못하게 하고, 성냄이 일어나면 억제하여 성을 내지 않고, 어리석음이 일어나면 억제하여 (어리석음을) 짓지 않고, 탐욕이 일어나면 억제하여 (탐욕을) 찾지 않는다. 모든 악한 일에 일체 접근하지 않으니, 이것이 관지觀止이다. 또한 이른바 37품경(37도품)을 앎으로써 항상 염하고 떠나지 않으니, 지止인 것이다.

출식(날숨) 입식(들숨)이 다 없어지면 정정이 곧 관觀인 것은 (그런 가운데 출입식이) 없어짐은 죄가 없어지는 것을 말하고, 정정은 식(息: 한 번의 들숨과 날숨의 호흡)으로 의념의 산란함을 멈추는 것을 말하니, 정관定觀이란 관지觀止가 정淨에 되돌아오는 것을 말한 것이다. 진지盡止란 이른바 내가 그런 이치를 말할 수 있고, 그런 이치를 알고, 두루 꿰뚫는 그것이 진지인 것이다.

진지盡止에 의해 일어난 의념(所起息)[55]이 만약 보시를 하고 복과 일체 선법善法을 짓고, 이미 (이런) 의념이 일어났다가 바로 소멸한다면 다시 의념을 해야 하는가? 죄행을 행한 것도 또한 무수하지만 고세(古世: 과거세)·금세의 마음이 도道와 서로 따르지 못한 것도 (그러하고) 타인도 또한 그러하다. 이미 (그것을) 깨달아 알았다면 마땅히 끊어야 하고, 이미 끊었다면 내외의 의식과 의식의 관지觀止인 것이다.

내외법의 법이란, 내법은 몸을 말하고 외법은 타인을 말하며, 계법戒法을 지니기도 하고 계법을 지니지 않기도 하니, 그것이 내외법의 법인 것이다.

내법은 이른바 지혜를 행하고 37품경(37도품)을 떠나지 않고, 일체 다른 일에 마음이 빠지지 않고, 불도를 수행하고(행도) 도를 얻는(득도) 그것이 내법이다. 외법은 이른바 생사에 떨어지고 이른바 생사의 행위이니, 바로 생사를 얻은 윤회에서 해탈하지 못한다. (윤회의 생사를 끊고자 수도하는 사람은) 일체(모든 생사의 일)를 마땅히 (집착하지 말고) 끊어야 하고, 이미 끊었다면 내외법의 관지觀止인 것이다.

법관지法觀止란, 일체 사람들은 모두 자신을 자기 몸이라고 하지만 진리에 순응한 통찰력(insight, 諦)에서 헤아려보면 내 몸이 아니다. 왜냐하면 눈이 있어서 (육신을 보고) 육신(물질적 원소인 4대로 구성된

---

55 본 경전의 원문에선 "소기식所起息"이라고 표기하였는데, "식息"은 뒤에 문맥상 해석이 곤란하고 의意라고 생각되어 "의념"으로 해석하였다.

몸)이 (존재하고) 있기 때문이지만 눈도 또한 자아의 존재가 아니고 육신도 또한 (자아의 실체 자성이 없어 영원한) 몸이 아니다. 왜냐하면 사람이 이미 죽었다면 눈이 있어도 (그 몸은) 보이는 바가 없고, 또한 육신이 있어도 상응하는 바가 없기 때문에 몸은 그와 같은 것이다. 단 의식(識)이 있다 해도 또한 몸이 아니다. 왜냐하면 의식은 형체가 없고 또한 쉽게 멈추는 바가 없기 때문이다. 이와 같이 눈·귀·코·혀· 몸·마음을 헤아리는 것도 또한 그러하다. 이렇게 헤아릴 것 같으면 법관지法觀止이고 또한 이른바 악을 생각하지 않아 지止이지만, 악을 생각하면 지止가 아니다. 왜냐하면 (그것은) 마음(자아의식)의 의지 활동이기 때문이다.

- 불설대안반수의경 권상 끝 -

❦

第一數亦相隨, 所念異. 雖數息 當知氣出入, 意著在數也.

數息復行相隨·止·觀者, 謂不得息. 前世有習在相隨·止·觀, 雖得相隨·止·觀, 當還從數息起也.

數息意不離, 是爲法, 離爲非法. 數息意不隨罪, 意在世間, 便墮罪也. 數息爲不欲亂意, 故意以不亂, 復行相隨者, 證上次意知爲止. 止與觀同, 還與淨同也.

行道得微意, 當倒意者, 謂當更數息. 若讀經已, 乃復行禪微意者, 謂不數息及行相隨也.

佛有六潔意, 謂數息·相隨·止·觀·還·淨. 是六事能制, 無形也. 息亦是意, 亦非意. 何以故. 數時意在息爲是. 不數時意息各自行, 是爲非意. 從息生意已, 止無有意也.

人不使意, 意使人. 使意者, 謂數息·相隨·止·觀·還·淨, 念三十七品經, 是爲使意. 人不行道, 貪求隨欲, 是爲意使人也.

息有垢. 息垢不去, 不得息. 何等爲息垢? 謂三冥中最劇者, 是爲息垢. 何等爲三冥? 謂三毒起時身中正冥, 故言三冥. 三毒者, 一爲貪婬, 二爲瞋恚, 三爲愚癡. 人皆坐是三事死, 故言毒也.

數息時意在數. 息未數時有三意. 有善意, 有惡意, 有不善不惡意. 欲知人得息相者, 當觀萬物及諸好色, 意不復著, 是爲得息相. 意復著是爲未得, 當更精進.

行家中意欲盡者, 謂六情爲意家, 貪愛萬物皆爲意家也.

相隨者, 謂行善法. 從是得脫, 當與相隨, 亦謂不隨五陰六入, 息與意相隨也.

問, 第三止, 何以故止在鼻頭?

報, 用數息·相隨·止·觀·還·淨皆從鼻出入, 意習故處, 亦爲易
識. 以是故著鼻頭也.

惡意來者, 斷爲禪, 有時在鼻頭止, 有時在心中止, 在所著爲止.
邪來亂人意, 直觀一事, 諸惡來心不當動, 心爲不畏之哉也.

止有四. 一爲數止, 二爲相隨止, 三爲鼻頭止, 四爲息心止. 止者,
謂五樂·六入當制止之也.

入息至盡鼻頭止, 謂惡不復入, 至鼻頭止. 出息至盡著鼻頭, 謂意
不復離身行向惡, 故著鼻頭. 亦謂息初入時, 便一念向不復轉. 息
出入亦不復覺, 是爲止也.

止者如, 如出息入息. 覺知前意出, 不覺後意出. 覺前意爲意相
觀, 便察出入息. 見敗, 便受相, 畏生死便却意, 便隨道意相也.
莫爲相隨者, 但念著鼻頭, 五陰因緣不復念, 罪斷意滅, 亦不喘
息, 是爲止也. 莫爲相隨者, 謂莫復意念出入, 隨五陰因緣, 不復
喘息也.

第四觀者, 觀息敗時, 與觀身體異, 息見因緣生, 無因緣滅也.
心·意受相者, 謂意欲有所得, 心計因緣會, 當復滅, 便斷所欲,
不復向是. 爲心·意受相也.

以識因緣爲俱相觀者, 謂識知五陰因緣, 出息亦觀, 入息亦觀. 觀
者, 謂觀五陰, 是爲俱觀. 亦應意意相觀, 爲兩因緣, 在內斷惡念
道也.

觀出息異, 入息異者, 謂出息爲生死陰, 入息爲思想陰. 有時出息爲痛痒陰, 入息爲識陰. 隨因緣起便受陰, 意所向無有常用, 是故爲異. 道人當分別知是. 亦謂出息滅, 入息生, 入息滅, 出息生也. 無有故者, 謂人意及萬物. 意起已滅, 物生復死, 是爲無有故也. 非出息是, 入息非, 入息是, 出息非, 謂出息時意不念入息, 入息時意不念出息, 所念異故, 言非也.

中信者, 謂入道中, 見道因緣, 信道, 是爲中信也.

第五還棄結者, 謂棄身七惡. 第六淨棄結者, 爲棄意三惡, 是名爲還. 還者, 爲意不復起惡. 惡者, 是爲不還也. 還身者, 謂還惡得第五還, 尙有身, 亦無身. 何以故. 有意有身, 無意無身. 意爲人種, 是名爲還. 還者, 謂意不復起惡, 起惡者, 是爲不還. 亦謂前助身, 後助意. 不殺盜婬兩舌惡口妄言綺語, 是爲助身. 不嫉瞋恚癡, 是爲助意也.

還五陰者, 譬如買金得石, 便棄捐地不用. 人皆貪愛五陰, 得苦痛便不欲, 是爲還五陰也.

何等爲便見滅盡處謂無所有, 是爲滅處.

問, 已無所有, 何以故爲處者? 無所有處有四處, 一者飛鳥以空中爲處, 二者羅漢以泥洹爲處, 三者道以無有爲處, 四者法在觀處也. 出息入息受五陰相者, 謂意邪念疾轉還正, 以生覺斷, 爲受五陰相. 言受者, 謂受不受相也.

以受五陰相, 知起何所, 滅何所. 滅者爲受十二因緣, 人從十二因緣生, 亦從十二因緣死. 不念者, 爲不念五陰也. 知起何所, 滅何所,謂善惡因緣起, 便復滅. 亦謂身, 亦謂氣生滅. 念便生, 不念便死. 意與身同等, 是爲斷生死道. 在是生死間, 一切惡事皆從意來也. 今不爲前, 前不爲今者, 謂前所念已滅, 今念非前念. 亦謂前世所作, 今世所作, 各自得福. 亦謂今所行善, 非前所行惡. 亦謂今息非前息, 前息非今息也.

爲生死分別者, 爲意念生卽生, 念滅卽滅. 故言生死. 當分別萬物及身, 過去未來福爲索盡. 何以故盡. 以生便滅, 滅便盡. 已知盡當盡力求也.

視上頭無所從來者, 謂人無所從來, 意起爲人. 亦謂人不自作來者, 爲有所從來. 人自作自得, 是爲無所從來也.

生死當分別者, 謂知分別五陰. 亦謂知分別意生死, 人意爲常. 知無有常, 亦爲分別也.

後視無處所者, 爲今現在, 不見罪人, 在生死會, 當得無有脫於罪故, 言後視無有處所.

未得道迹, 不得中命盡, 謂已得十五意, 不得中死. 要當得十五意, 便墮道, 亦轉上至阿羅漢也. 中得道, 亦不得中命盡, 爲息意身凡三事. 謂善惡意要當得道迹, 亦復中壞. 息死復生, 善意起復滅, 身亦不得中死也.

何等爲淨? 謂諸所貪欲爲不淨, 除去貪欲是爲淨.

何等爲五陰相? 譬喻火爲陰, 薪爲相也. 從息至淨, 是皆爲觀, 謂觀身·相隨·止觀·還·淨, 本爲無有. 內意數息, 外意斷惡因緣, 是爲二意也.

問, 何以故不先內外觀身體, 反先數息·相隨·止·觀·還·淨?

報, 用意不淨故, 不見身, 意已淨, 便悉見身內外.

道行有十九行. 用人有十九病故, 亦有十九藥. 觀身念惡露, 是爲止貪婬藥. 念四等心, 是爲止瞋恚藥. 自計本何因緣有, 是爲止愚癡藥. 安般守意, 是爲多念藥也.

內外自觀身體, 何等爲身? 何等爲體? 骨肉爲身, 六情合爲體也. 何等爲六情? 謂眼合色, 耳受聲, 鼻向香, 口欲味, 細滑爲身. 衰意爲種, 栽爲癡, 爲有生物也.

內外身體所以重出者何? 謂人貪求有大小, 有前後, 謂所欲得當分別觀. 觀者 見爲念, 念因見, 觀者爲知也.

身體止者, 坐念起, 起念意不離, 在所行意, 所著爲識, 是爲身觀止也.

出息入息念滅時. 何等爲念滅時? 謂念出入氣盡時, 意息滅. 出息入息念滅時, 譬如畫空中無有處, 生死意·道意俱爾也. 出息入息念滅時, 亦不說息(滅)意息. 說滅時, 出息入息念滅時, 物(初)從因緣生, 斷本爲滅時也.

內外痛痒見觀者, 爲見痛痒所從起, 便觀, 是爲見觀也. 內外痛痒者, 謂外好物爲外痒, 外惡物爲外痛. 內可意爲內痒, 內不可意爲內痛. 在內爲內法, 在外因緣爲外法. 亦謂目爲內, 色爲外. 耳爲內, 聲爲外. 鼻爲內, 香爲外. 口爲內, 味爲外. 心爲內, 念爲外. 見好細滑意欲得, 是爲痒. 見麤惡意不用, 是爲痛, 俱墮罪也.

痛痒觀止者, 若人臂痛, 意不作痛, 反念他一切身痛, 如是以意不在痛爲止. 痛亦可念, 亦不可念, 念痛無所著, 自愛身當觀他人身, 意愛他人身, 當自觀身, 亦爲止也.

內外痛痒所以重出者何? 謂人見色, 愛有薄厚, 其意不等觀, 多與少異故. 重分別觀道, 當內觀有癡, 當外觀以自證也.

身心痛痒各自異. 得寒熱·刀杖痛極, 是爲身痛. 得美飯·載車·好衣, 身諸所便, 是爲身痒. 心痛者, 身自憂, 復憂他人及萬事, 是爲心痛. 心得所好及諸歡喜, 是爲心痒也.

意相觀者, 有兩因緣, 在內斷惡念道. 一者謂五樂·六衰, 當制斷之. 觀者自觀身. 身不知麁細, 以得乃覺, 是爲意意相觀. 意意相觀, 息亦是意, 數亦是意, 數時觀息, 爲意意相觀也.

意觀止者, 欲婬 制不爲, 欲瞋恚制不怒, 欲癡制不作, 欲貪制不求. 諸惡事一切不向, 是爲觀止. 亦謂以知三十七品經, 常念不離, 爲止也.

出息入息盡定便觀者, 盡謂罪盡, 定謂息止意, 定觀者謂觀止還淨也. 盡止者, 謂我能說是, 曉是, 遍更是, 是爲盡止也.

所起息, 若布施作福一切善法, 已起便滅, 更意念耶? 向曶罪行亦無數, 古世今世意不如是相隨, 他人亦爾. 已知覺當斷已斷, 爲內外意意觀止也.

內外法法者, 內法謂身, 外法謂他人, 有持戒法, 有不持戒法, 是爲內外法法也.

內法謂行點不離三十七品經, 一切餘事意不墮中, 行道得道, 是爲內法. 外法謂墮生死, 謂生死行, 便得生死不脫. 一切當斷已斷, 爲內外法觀止也.

法觀止者, 一切人皆自身爲身, 諦校計非我身. 何以故. 有眼有色, 眼亦非身, 色亦非身. 何以故. 人已死有眼無所見, 亦有色無所應, 身如是. 但有識亦非身. 何以故. 識無有形, 亦無所輕止. 如是計眼耳鼻舌身意亦爾. 得是計爲法觀止, 亦謂不念惡爲止, 念惡爲不止. 何以故. 意行故也.

佛說大安般守意經卷上 終

# 불설대안반수의경 권하

출식(날숨) 입식(들숨)을 스스로 느끼고 출식 입식을 스스로 아는 바로 그때가 알아차림(覺)이고, 이후는 앎(知)인 것이다. 알아차림이란 이른바 호흡의 길고 짧음을 느끼는 것이고, 앎이란 이른바 호흡이 (들숨으로) 생겼다가 (날숨으로) 소멸하고 거칠고 섬세하고 늦고 빠름을 아는 것이다.

출식 입식이 다하여 멈추는 줄 알아차리는 것이란 이른바 날숨과 들숨이 바뀌려고 할 때에 다 된 것을 알아차리고, 또한 만물과 몸이 태어났다가 다시 소멸하는 줄 헤아리는 것이다. 멈춤이란(心者)[56] 이른바 의식의 분별사량을 멈추는 것이다.

공을 관觀하고 보는 것이란 불도를 행하여 관을 얻고 다시는 몸을 보지(집착하지) 않고 바로 공에 들어가 깨닫고 무소유한 것이니,

---

56 본 경전의 원문에서 "심자心者"라고 표기하였는데, 앞뒤의 문맥상 "심자心者"가 아니고 "지자止者"라고 생각되어 "멈춤이란"으로 해석하였다.

이른바 마음에 집착하는 바가 없는 것이다. 마음에 집착하는 바가 있으면 (생사의) 원인을 만들어 존재하게 되는 것이다. 안(눈)·이(귀)·비(코)·설(혀)·신(몸)·의(마음)와 색(물질)·성(소리)·향(냄새)·미(맛)·촉(촉감)·법(사물)(六入·六處)에 (대한 집착을) 끊으면 바로 (도에 들어가) 현명함을 얻는다. 현賢은 (덕행을 갖춘) 몸을 말하고, 명明은 (지혜를 얻는) 도를 말한 것이다.

어느 곳에서 나오고 어느 곳에서 소멸하는 줄 아는 것이란, 비유하면 돌을 생각하면 돌 (생각이) 나오고, 생각이 나무로 (바뀌어) 들어간다면 돌의 (생각은) 바로 소멸하는 것이다. 5음도 또한 그러하니, (예컨대 우리가 사물을 인식함에 있어서 우선 눈의 데이터인 ) 물질(사물)이 (시야에 현전하여) 나타남으로써 통양(감각적인 느낌)에 들어가게 되고, 통양이 표출됨으로써 사상(思想, 표상)에 들어가게 되고, 사상 (표상)이 표출됨으로써 생사에 들어가게 되고, 생사가 표출됨으로써 의식에 들어가 (느끼게) 되니, 이미 (5음을) 이렇게 분별하였다면 바로 37품경(37도품)에 속한 것이다.

물음: 사유무위도思惟無爲道는 어떤 것인가?

회답: 사思는 비교하여 헤아리는 것이고, 유惟는 듣고 받아들이는 것이고, 무無는 만물을 생각하지 않는 것을 말하고, 위爲란 말처럼 불도를 수행하고 (도를) 얻기 때문에 사유무위도라고 말한 것이다. 사思는 염念이고, 유惟는 흑백을 분별하는 것이다. 흑은 생사이고, 백은 도이다. 도는 무소유이고 이미 무소유를 분별하여 바로 집착의 행위가 없는 것이기 때문에 사유무위도라고 말하였다. 만약 소유하고 있음을 헤아려 계산하고 집착한다면 사유思惟가 아니다. 사思는 또한

사물이고, 유惟는 이해력의 사량이니, 이해력의 사량은 바로 12인연의 일을 아는 것이다. 또한 사思는 염念을 말하고, 유惟는 헤아려 아는 것이다.

생사를 끊어야만 신족神足을 얻지만 이른바 마음이 생각한 바가 있다면 태어남이고, 생각한 바가 없다면 죽음인 것이다. (하지만) 신족을 얻은 자는 능히 날 수 있기 때문이니, 생사를 마땅히 끊어야 한다고 말한 것이다.

신족神足을 얻으면 다섯 가지의 마음이 있다. 첫째 기쁨이고, 둘째 믿음이고, 셋째 정진이고, 넷째 선정이고, 다섯째 신통이다. 4신족념四神足念은 신력(力)을 다하지 않아도 5신통을 얻는다. 신력을 다하면 자재하여 6신통에 접근한다. 도를 수행하는 사람은 4신족에서 5신통을 얻고, 완전히 번뇌가 끊어진 마음상태이면 6신통을 얻게 된다. 완전히 번뇌가 끊어진 마음상태는 마음이 만물을 욕심내지 않는 것이다.

(1) 믿음, (2) 정진, (3) 의념, (4) 선정, (5) 지혜(點), 이 다섯 가지 일은 4신족념四神足念을 (얻기) 위한 것이다. 신력이란 대개 여섯 가지의 일이지만 믿음에서 비롯하니, 4신족념에 속한다. 기쁨으로부터, 염念으로부터, 정진으로부터, 선정으로부터, 지혜로부터이지만 이것은 5근에 속한 것이다. 기쁨으로부터 선정을 얻으니 도를 믿는다고 말한 것이다. 노력(정진력)으로부터 선정을 얻으니 정진이라고 말한 것이다. 의념(意)으로부터 선정을 얻으므로 의념정意念定[57]

---

57 의념정意念定: 의정意定이라고도 한다. 이는 의념意念 또는 의식意識의 집중이나 정지定止를 말하니, 즉 선정이나 삼매의 정신적인 집중을 뜻한다.

이라고 말한 것이다. 보시로부터 선정을 얻으니 행도行道라고 말한 것이다. (비유하면) 종자 때문에 뿌리가 있는 것과 같다.

현상적인 유위의 일은 모두 악에 속하니, 바로 (이런 유위의) 생각에선 수승함을 얻지 못하지만 이른바 선禪을 얻는 원인은 정진력 때문이다. 또한 이른바 악은 (선한 마음을) 이기지 못한다. (왜냐하면) 선한 마음은 소멸해도 다시 일어나기 때문에 정진력이다. 정진력으로 선정을 얻음이란, 악한 마음이 오고자 하지만 선한 마음을 파괴하지 못하기 때문에 정진력에 의한 선정인 것(力定)이다.

도를 수행하는 사람이 불도를 행하면서 관을 얻지 못하였다면 마땅히 관을 얻도록 계책해야 하고, 관에서의 마음은 다시 바뀌지 않아야 한다. 관을 얻기 위해 악을 멈춤은 한 가지 법이지만 좌선을 위한 관은 두 가지 법이 있다. 어떤 때는 몸을 관하고, 어떤 때는 마음을 관하고, 어떤 때는 천식喘息을 관하고, 어떤 때는 유를 관하고, 어떤 때는 무를 관하니, 인연이 있는 것을 마땅히 분별해서 관해야 한다.

악을 멈춤은 한 가지 법이지만 관은 두 가지 법이니, 악이 이미 없어졌다면 지관止觀을 하는 것은 도를 관하는 것이다. 악이 없어지지 않았다면 도를 보지 못하지만, 악이 이미 없어졌다면 바로 도를 관하는 것(觀道)이다. 악을 멈추는 한 가지 법은, 악을 알고 일체를 능히 억제하여 마음이 집착하지 않으니 지止이다. 또한 호흡을 염하는 생각을 얻고 따라서 전념하니 지止이다. 호흡을 염하는 생각을 얻고 따라서 전념하면 지止이니, 그것이 악을 멈추는 한 가지 법이다. 악이 이미 멈춰졌다면 바로 관을 얻기 때문에, 관은 (도를 관하는 관도觀道와 악을 멈추는 지止로서) 두 가지 법이다.

4제四諦를 얻기 위해서 청정을 행하면 마땅히 다시 청정을 짓는 자이다. 고苦를 인식하고 습성을 버리고 앎을 다해 불도를 행하니, 마치 태양이 나올 때처럼 청정은 12문十二門[58]에서 바뀌어 나오게 하기 때문에 경에서 "도道에서 해탈을 얻는다."라고 말한 것이다. 어두움이 가시면 밝음을 보는 것은 마치 태양이 나올 때와 같아, 비유하면 태양이 나오면 보이는 것이 많고 모든 어두움이 사라지는 것으로, 어두움은 고苦이다. 어찌 고인 줄 아는가 하면, 장애되는 바가 많기 때문에 고苦인 줄 아는 것이다. 습성을 버리는 것은 어떤 것인가 하면, 이른바 반연의 일을 하지 않는 것이다. 멸제의 증득(盡證)은 어떤 것인가 하면, 이른바 무소유이다. 도란 고제(苦)와 집제를 끊고(斷習)[59] 멸제의 증득과 도제를 염하고(念道) 확실하게 인식하는 것이다.

인식은 고苦로부터 생기고, (깨우침의 계기인) 고를 얻지 못하면 또한 (4제에 대한 깨우침의) 인식이 없으니, 그것은 (진리의 이치를 모르는) 고인 것이다.

멸제의 증득(盡證)이란 이른바 사람은 (태어나면 필연적으로 수명을) 다하게 되니, 마땅히 늙고 병들고 죽는 줄 알아야 한다. 증득이란 만물은 모두 응당 소멸하는 줄로 아니, 그것이 멸제의 증득인 것이다. 비유하면 태양이 나와서 네 가지 일을 짓는 것과 같다. 첫째 어두움을

---

58 12문十二門: 12입 또는 12처라고 한다. 즉 안(눈)·이(귀)·비(코)·설(혀)·신(몸)· 의(마음)와 색(물질)·성(소리)·향(냄새)·미(맛)·촉(촉감)·법(사물)을 말한다.
59 습習: 집集의 구역舊譯이다. 여러 가지 습성에 의한 번뇌의 쌓임을 말한다.

파괴하니, 이른바 지혜는 어리석음을 파괴할 수 있는 것이다. 둘째 밝음을 보는 것이니, 이른바 어리석음을 없애고 오직 지혜만 존재하는 것이다. 셋째 육신(色)과 만물을 보니, 즉 몸에 있는 모든 악로(惡露: 더러움)를 보는 것이다. 넷째 만물을 성숙하게 하니, 가령 일월이 없다면 만물은 성숙하지 못하고, 사람이 지혜가 없다면 어리석은 마음도 또한 (지혜로) 성숙하지 못하는 것이다.

이상의 행을 시작하거나 함께 행함이란, 행과 일을 이미 행하였다면 분별해 말하지 않으니, 이른바 5직성(五直聲, 5勝根: 신근·정진근·염근·정근·혜근)을 행하여 몸과 마음이 함께 수행하는 것이다.

진리에 순응한 통찰력(insight, 諦)으로 법을 생각하니 자아의식(意)이 법에 머무른다. 진리에 순응한 통찰력으로 법을 생각하고 자아의식은 생각하던 것에 머무르니, 그것이 바로 그것의 현기現起(生)이다. 그러므로 생사를 찾으면 생사를 얻고, 도를 찾으면 도를 얻는 것이다. 내외적으로 그 일으킨 바의 자아의식을 따른 것이니, 그것이 바로 법을 생각하는 것이고 자아의식이 법에 머무르는 것이다. 4제로부터 스스로 자아의식이 알아 옳음이 생기면 마땅히 옳음을 얻지만, 옳음이 생기지 않으면 옳음을 얻지 못하니, 바로 (삿됨을) 없애고 자아의식이 두려워하면서 감히 (삿됨을) 범하지 못하는 것이다. 그러므로 행하는 바나 생각하는 바가 항상 도에 있으니, 그것이 바로 자아의식이 법에 머물러 있음이다. 이를 법에 대한 올바름이라고 하니, 진리에 순응한 통찰력으로부터 (법에 대한) 근본의 생각을 일으키면 (법에 대한) 근본의 생각이 자아의식에 머무르는 것이다. 법에 대한 올바름이란 이른바 도법이니, 진리에 순응한 통찰력으로부터 즉 4제를 말한 것이다.

근본적으로 생각이 일어나 자아의식에 머무름이란, 이른바 생사와 만사를 향하는 것은 모두 근본적으로 (아집의) 자아의식에서 일어나고 바로 (아집의) 자아의식이 집착하여 바로 5음이 있는 것이다. (이렇게) 일어났던 (아집의) 자아의식은 마땅히 끊어야 하니, 근본을 끊으면 5음은 바로 끊어지는 것이다. 어떤 때는 스스로 (5음을) 끊고 생각하지 않는다. (아집의) 자아의식이 스스로 일어나면 죄이니, 다시 도에서 선정을 못하는 것은 죄를 다 없애지 못했기 때문이다.

자아의식이 법에 머무름이란, 진리에 순응한 통찰력(諦)으로 자아의식이 만물을 생각하면 그것은 외법(생사법)에 들어간 것이고, 자아의식이 만물을 생각하지 않으면 그것은 도법에 들어간 것이다. 5음은 (생사윤회하는) 생사법이고, 37품경(37도품)은 (생사윤회의 해탈을 얻는) 도법이다.

자아의식이 법(도법)에 머물러 있음이란, 이른바 5음을 억제하여 범하지 않고 또한 이른바 항상 도를 생각하고 떠나지 않는 것이니, 그것은 자아의식이 법(도법)에 머물러 있음이다.

근본이 올바른 것이면 외부에 처해 있다 해도 만물의 근본이고 복이 있는 곳이다. 내부를 총괄하면 37품경(37도품)이니, 불도를 행하는 것은 일시에 시작하는 것이 아니기 때문이다. 근본인 것을 말하면 이른바 37품경법(37도품)을 행하는 것이니, 마치 (37품경법의) 차제를 따른 행처럼 자아의식이 삿됨에 들어가지 않아 올바르기 때문에 근본이 올바른 것이라고 한다. 근본이 올바른 것은 각기 다른 행을 해도 무無로써 근본을 대하고, 구하지 않음으로써 올바름을 대하고, 무위로써 무위를 대하고, 불상(不常, 무상)으로써 도를 대하고, 무유로써 또한 무소유를 대하고, 또한 근본도 없고 또한 올바름도 없으니 무소유인 것이다.

선정으로 인해 느끼는 바의 몸을 알아차린다. 이와 같은 법도를 말하자면 이른바 법에 의해 얻는 선정이다. 도를 설하는 것은 이른바 인연으로부터 얻은 도를 설한 것이다.

5음(陰)을 보고 느끼는 것은 5음을 받아들인 것이다. (외적인 대상의 데이터를 받아들이는) 감각기관과 (외적인) 대상이 서로 상입相入한 것은 5음에 들어간 것이다. 이유가 있는 생사음生死陰이란, 올바름을 받아들인다. 올바름이란, 도 자체는 바른 것이지만 다만 마땅히 스스로 정심正心이어야 한다.

≈

佛說大安般守意經 卷下

後漢 安息三藏 安世高 譯

出息入息自覺, 出息入息自知, 當時爲覺, 以後爲知. 覺者謂覺息
長短. 知者謂知息生滅麁細遲疾也.

出息入息覺盡止者, 謂覺出入息欲報時爲盡, 亦計萬物身生復
滅. 心者謂意止也.

見觀空者, 行道得觀, 不復見身, 便墮空無所有者, 謂意無所著.
意有所著, 因爲有. 斷六入, 便得賢明. 賢謂身, 明謂道也.

知出何所, 滅何所者, 譬如念石出石, 入木石便滅. 五陰亦爾, 出
色入痛痒, 出痛痒入思想, 出思想入生死, 出生死入識, 已分別是
乃墮三十七品經也.

問, 何等爲思惟無爲道?

報, 思爲校計, 惟爲聽, 無謂不念萬物, 爲者如說行道爲得故, 言
思惟無爲道也. 思爲念, 惟爲分別白黑. 黑爲生死, 白爲道. 道無
所有, 已分別無所有, 便無所爲, 故言思惟無爲道. 若計有所爲
所著 爲非思惟. 思亦爲物, 惟爲解意, 解意便知十二因緣事. 亦謂
思爲念, 惟爲計也.

斷生死得神足, 謂意有所念爲生, 無所念爲死. 得神足者能飛行
故, 言生死當斷也.

得神足有五意. 一者喜, 二者信, 三者精進, 四者定, 五者通也.

四神足念不盡力得五通. 盡力自在向六通. 爲道人四神足得五
通, 盡意可得六通. 盡意謂萬物意不欲也.

一信, 二精進, 三意, 四定, 五點, 是五事爲四神足念. 爲力者凡六
事也, 從信爲屬, 四神足念. 從喜從念精進從定從點, 是爲屬五根
也. 從喜定謂信道. 從力定謂精進. 從意定謂意念定. 從施定謂行
道也. 爲種故有根.

有爲之事, 皆爲惡, 便生想不能得勝, 謂得禪是因爲力. 亦謂惡不
能勝. 善意滅復起故爲力. 力定者惡意欲來不能壞善意, 故爲力
定也.

道人行道未得觀, 當校計得觀, 在所觀意不復轉. 爲得觀, 止惡一
法, 爲坐禪觀二法. 有時觀身, 有時觀意, 有時觀喘息, 有時觀有,
有時觀無, 在所因緣當分別觀也.

止惡一法, 觀二法, 惡已盡止觀者, 爲觀道. 惡未盡, 不見道, 惡已
盡乃得觀道也. 止惡一法爲知惡, 一切能制, 不著意爲止. 亦爲得
息想隨止. 得息想隨止, 是爲止惡一法. 惡已止便得觀故, 爲觀
二法.

爲得四諦, 爲行淨, 當復作淨者. 識苦棄習, 知盡行道, 如日出時,
淨轉出十二門故, 經言從道得脫也. 去冥見明, 如日出時, 譬如日
出多所見, 爲棄諸冥, 冥爲苦. 何以知爲苦, 多所罣礙, 故知爲苦.
何等爲棄習, 謂不作事. 何等爲盡證, 謂無所有. 道者明識苦, 斷
習, 盡證, 念道.

識從苦生, 不得苦亦無有識, 是爲苦也.

盡證者謂知人盡當老病死. 證者知萬物皆當滅, 是爲盡證也. 譬如日出作四事. 一壞冥謂慧能壞癡. 二見明謂癡除獨慧在. 三見色萬物, 爲見身諸所有惡露. 四成熟萬物, 設無日月, 萬物不熟, 人無有慧, 癡意亦不熟也.

上頭行俱行者, 所行事已行, 不分別說, 謂行五直聲, 身心并得行也. 從諦念法, 意著法中. 從諦念法, 意著所念, 是便生是. 求生死, 得生死, 求道得道. 內外隨所起意, 是爲念法, 意著法中者. 從四諦自知意, 生是當得是, 不生是不得是, 便却意畏不敢犯. 所行所念常在道, 是爲意著法中也. 是名爲法正, 從諦本起, 本著意. 法正者謂道法, 從諦謂四諦.

本起著意者, 謂所向生死萬事, 皆本從意起, 便著意, 便有五陰. 所起意當斷, 斷本, 五陰便斷. 有時自斷 不念. 意自起爲罪, 復不定在道, 爲罪未盡故也.

意著法中者, 諦意念萬物, 爲墮外法中, 意不念萬物, 爲墮道法中. 五陰爲生死法, 三十七品經爲道法.

意著法中者, 謂制五陰不犯, 亦謂常念道不離, 是爲意著法中也. 所本正者, 所在外爲物本, 爲福所在. 內總爲三十七品經, 行道非一時端故. 言所本者, 謂行三十七品經法, 如次第隨行, 意不入邪爲正, 故名爲所本正. 所本正各自異行. 以無爲對本, 以不求爲對正, 以無爲爲對無爲, 以不常爲對道, 以無有爲對亦無有所, 亦無有本, 亦無有正, 爲無所有也.

定覺受身. 如是法道, 說謂法定. 道說者, 謂說所從因緣得道.

見陰受者, 爲受五陰. 有入者, 爲入五陰中. 因有生死陰者, 爲受正. 正者道自正. 但當爲自正心耳.

## 6. 안반수의에서 금해야 할 심리적인 18번뇌

안반수의를 수행하는 사람은 수식을 얻고 상수를 얻고 지止를 얻으면 바로 환희심인 것이다. 이 네 종류는 비유하면 (나무를 비비고) 뚫어서 불을 내면 연기는 보여도 사물을 익히지 못하는 것과 같다. 어찌하여 (환희심의) 즐거움을 얻는가? 왜냐하면 생사를 벗어나는 참된 도의 요지(要旨)를 (완전히) 얻지 못하였기 때문이다.

(그러므로) 안반수의에는 심리적인 열여덟 가지의 번뇌(惱)[60]가 있어 사람들에게 도를 따르지 못하게 한다. ① 애욕愛欲이고, ② 진애(瞋恚: 성냄)이고, ③ 어리석음이고, ④ 희락戱樂이고, ⑤ 거만이고, ⑥ 의심이고, ⑦ 행상行相[61]을 받아들이지 않음이고, ⑧ 타인의 상을 받아들임이고, ⑨ (도법을 생각하지 않는) 불념不念이고, ⑩ 타념他念이고, ⑪ 불만의 생각이고, ⑫ 지나친(과한) 정진이고, ⑬ 부족한(미치지 못한) 정진이고, ⑭ 두려워하는 것이고, ⑮ 강제로 마음을 억제하는 것이고, ⑯ 근심이고, ⑰ 다급함이고, ⑱ 제7말나식(자아의식)이 행동하는 애욕(愛)을 제도하지 않음이니, 이것이 심리적인 열여덟 가지의 번뇌이다. 이 심리적인 열여덟 가지 번뇌의 인연을 감시하지 못하면

---

60 뇌惱: 범어 pradāśa의 의역이다. 이는 근심·슬픔·고통 등 모든 미혹의 현상을 말한다. 『구사론』에 의하면 소위 뇌惱란 비록 자신은 지은 죄를 알지만 타인의 훈계를 받아들이지 않고 번민하는 심리상태를 말한다고 하였다.

61 행상行相: ① 범어 pratipad의 의역으로 도의 의미를 말한다. 혹은 행적行跡을 뜻하기도 한다. ② 심식心識이 갖고 있는 각각의 성능性能을 행상이라고도 말한다. 심식은 각각의 기능이 있어 바깥 대상의 표상(相)에서 유행을 한다. 이 성능性能은 사실 요별了別이다. 즉 바깥 사물의 영상이 내심에서 이미지 작용이 일어났을 때 그것을 인식하는 것을 뜻한다.

도를 얻지 못하지만, 감시를 한다면 바로 도를 얻는 것이다.

(심리적인 열여덟 가지의 번뇌 중) 행상行相을 받아들이지 않는 것이란 이른바 (몸속에 있는) 32가지 (더러운) 물건을 관觀하지 않고, 37품경(37도품)을 염念하지 않으니, 그것이 행상을 받아들이지 않는 것이다. 타인의 상을 받아들이는 것이란 이른바 10의 수식을 얻지 못하고 바로 상수를 행하니, 그것이 타인의 상을 받아들이는 것이다. 타념他念이란 입식(들숨)일 때 출식(날숨)을 생각하고 출식일 때 입식을 생각하니, 그것이 타념他念인 것이다. 불만을 생각하는 것이란 이른바 아직 제1선禪을 얻지도 못하고 바로 제2선禪을 생각하니, 그것이 (마음이 앞선) 불만을 생각하는 것이다. 강제로 마음을 억제하는 것이란 이른바 좌선에서는 산란한 마음으로 수식을 못하니 마땅히 경행이나 독경으로 산란함이 일어나지 못하게 해야 하며, 그것이 강제로 마음을 억제하는 것이다. 정진은 지혜로 이 여섯 가지 일을 행해야 하는데, 이른바 수식·상수·지·관·환·정이니, 이것이 여섯 가지 일인 것이다.

천喘은 어떤 것인가? 식息은 어떤 것인가? 기氣는 어떤 것인가? 정진력(力)은 어떤 것인가? 풍風은 어떤 것인가? 천喘이란(制者)[62] 바로 의意이고, 식息은 목숨이고, 수守는 기氣이며 보고 들을 수 있고, 풍風은 말할 수 있으나 도를 통해 전개되고, 정진력은 능히 성냄을 뽑아낼 수 있는 것이다.

수의守意를 따라야만 도를 얻는다. 어떤 원인(緣)에서 수의守意를

---

[62] 본 경전의 원문에서 "제자制者"라고 표기하였는데, 앞의 문맥상 천자喘者의 오자로 생각되어 "천喘이란"으로 해석을 하였다.

얻는가 하면, 수數를 따라가면서 바뀌어 식息을 얻고, (얻은) 식息이 바뀌면서 상수를 얻는다. 지·관·환·정도 또한 그러하다.

행도行道[63]는 마음의 수렴(止意)을 얻고자 함이니, 마땅히 세 가지 일을 알아야 한다. 첫째, 먼저 몸의 근본은 어디에서 왔는가를 사유하고 관觀해야 한다. 다만 5음을 따른 행이 (잠시) 존재하지만, 5음을 끊으면 다시 태어나지 않는다. 비유하면 기탁하여 잠시 머무르는 물건일 뿐인 것과 같다. 자아의식이 이해하지 못하였어도 몸속의 더러움이 나오는 아홉 가지 구멍을 염상하여 스스로 깨닫는다. 둘째, 자신은 응당 내면의 마음을 보면서 호흡을 따라 출입(날숨 들숨)을 한다. 셋째, 출식(날숨) 입식(들숨)의 염상이 소멸할 때 호흡이 짧게 나오면 가볍게 염상이 소멸할 때이다. 무소유를 아는 것은 무엇인가? 의념을 계념한 선정(意定)은 바로 공을 아니, 공을 알면 바로 무소유를 안다. 왜냐하면 호흡이 되돌아오지 못하면 바로 죽음이니, 몸은 단지 기氣가 (생명을 유지하도록) 만드는 줄 알아 기가 소멸하면 바로 공이고, 공을 깨달으면 도에 들어가기 때문이다.

그렇기 때문에 행도行道에는 세 가지 일이 있다. 첫째 몸을 관하는 것이고, 둘째 일심을 염하는 것이고, 셋째 출입식(날숨 들숨)을 염하는 것이다. 또 세 가지 일이 있다. 첫째 몸의 통양(감각적인 느낌)을 멈추고, 둘째 입의 말소리를 멈추고, 셋째 제7말나식(자아의식) 사려의 의지작용을 멈춘다. 이 여섯 가지 일을 행하여 속히 식(息: 수식)을 얻는 것이다.

---

63 행도行道: ①불도佛道를 배우고 수행함을 뜻한다. ②경행經行을 말한다. 즉 좌선을 할 때 졸음을 쫓기 위해 일정한 곳을 돌며 보행하는 것이다.

불경(經) 말씀의 요지는 "일념은 일심을 말한다. 근념近念은 몸을 헤아리는 것을 말하고, 다념多念은 일심을 해야 하는 것을 말하니, 의념을 떠나지 않음은 몸에 대한 의념을 떠나지 않는 것을 말한다."라고 하였다. 이 네 가지 일을 행하면 바로 속히 식(息: 수식)을 얻는 것이다.

좌선수식은 그때가 바로 선정의 마음(定意)이니 그것은 지금의 복이고, (좌선수식을) 따라 안온하고 산란하지 않으면 그것은 미래의 복이고, (좌선수식이) 증가하여 오랫동안 지속하여 다시 안정되면 그것은 과거의 복인 것이다.

좌선수식에서 선정의 마음을 얻지 못하면 그것은 지금의 죄이고, (좌선수식을) 따라 안온치 못하고 산란한 마음이 일어나면 그것은 당래(미래)의 죄이고, 좌선을 증가하여 오랫동안 할수록 불안정하면 그것은 과거의 죄인 것이다.

또한 몸의 과실과 마음의 과실이 있다. 몸의 자세가 경직되어 수식을 얻지 못하면 그것은 마음의 과실이고, 몸의 자세가 굽어 수식을 얻지 못하면 그것은 몸의 과실인 것이다.

좌선에서 자신이 선정의 마음을 얻은 줄 깨닫고 마음이 기뻐하면 산란한 마음이지만, 기뻐하지 않으면 도의 마음이다.

좌선에서 식(호흡)에다 계념을 하고 나면 지止이니 바로 관觀을 해야 하고, 관과 지는 반복하여 식(호흡)에다 계념을 행하니, 사람이 행도行道를 하는 것도 마땅히 그것을 늘 행하는 법으로 해야 하는 것이다.

부처님께서는 다섯 가지 믿음이 있다고 말씀하셨다. 첫째 부처님이 계시고 경전이 있음을 믿고, 둘째 집을 떠나서[64] (출가하여) 머리를 삭발하고 도를 찾고, 셋째 좌선을 하고 불도를 수행하고, 넷째 수식을 얻고, 다섯째 선정의 마음이 염하는 것은 무념이니 공이다.

힐책의 질문: 무념이 공이면 어떻게 호흡을 염하는가?

회답해 말함: 호흡에는 5색五色[65]·탐음貪淫·성냄·어리석음·애욕이 없으니, 그것도 또한 공인 것이다.

몸을 지키는 가운데 마음이란 이른바 마음을 몸에다 계념하여 관觀하니, 그것은 몸을 지키는 가운데 마음이다. (어떤) 사람은 (스스로 자신의) 마음을 억제할 수 없기 때문에 수식을 하게 하지만, 지혜로 마음을 억제할 수 있다면 다시 수식을 하지 않는다.

물음: 스스로 아는 것은 어떤 것인가? 스스로 깨우치는 것(증득)은 어떤 것인가?

회답: 이른바 5음을 분별할 수 있으니 그것은 스스로 아는 것이고, 도를 의심하지 않으니 그것은 스스로 깨우치는 것이다.

물음: 무위는 어떤 것인가?

회답: 무위는 두 부류가 있으니, 외무위外無爲가 있고 내무위內無爲가 있다. 눈은 색(사물)을 보지 않고, 귀는 소리를 듣지 않고, 코는 냄새를 맡지 않고, 입은 맛을 보지 않고, 몸은 매끄러움을 탐내지 않고, 마음은 집착하지 않는다면(不志念)[66] 그것이 외무위이다. 수식·

---

64 본 경전의 저본으로 사용한 『신수대장경』의 원문에선 "거가去家"라고 표기했는데, 다른 장본藏本에선 모두 "출가出家"라고 표기하였다.

65 5색五色: 다섯 가지 감각기관의 대상이다. 즉 색(육신, 물질)·성(소리)·향(향기)·미(맛)·촉(감촉)을 말한다.

상수·지·관·환·정 그것은 내무위이다.

물음: 현재 염(생각)하는 바가 있는데 어찌 무위인가?

회답: 몸과 입은 계戒를 지니고 마음은 도를 행하니, 비록 염(생각)하는 바가 있다 해도 (집착이 없는) 마음의 근본 취향趣向은 무위이다.

물음: 무엇이 무無인가? 무엇을 위爲라 하는가?

회답: 무란 만물을 생각하지 않는 것을 말한다. 위란 경經의 가르침을 따라 행하는 것이다. 사물을 가리키는 것이 명칭이기 때문에 (명칭으로) 무위라고 말한 것이다.

물음: 가령 숙명宿命의 업보(행업으로 인한 과보)가 왔다면 응당 어떻게 없애야 하는가?

회답: 수식·상수·지·관·환·정을 수행하고 37품경을 염念하면 없앨 수 있다.

힐책의 질문: 숙명宿命은 대적하여 없앨 수 없거늘, 수식·37품경을 행하여 어찌 없앨 수 있겠는가?

회답: 도를 염하기 때문에 악이 소멸된다. 가령 수식·상수·지·관·환·정이 악을 소멸할 수 없다면 세간(세상) 사람들은 모두 도를 얻지 못한다. 왜냐하면 악을 소멸하기 때문에 도를 얻고, 수식·상수·지·관·환·정, 그리고 37품경(37도품)을 수행하여 부처가 되거늘, 하물며 죄를 없애는 과보쯤이랴! 시방에 (죄가) 산처럼 쌓였어도 정진으로 불도를 행하면 (과보의) 죄와 만나지 않는다.

물음: 경전에서 그같이 말씀하셨다고 해도, 어떤 연유로 (죄를)

---

66 본 경전의 저본으로 사용한 『신수대장경』의 원문에선 "불지염不志念"이라고 표기했는데, 다른 장본藏本에선 모두 "불망념不妄念"이라고 표기하였다.

만나지 않는가?

회답: 왜냐하면 (경전에 의해) 행을 짓는 연유 때문이다.

수식은 (깨닫기 위해) 12품에 들어간다. 12품은 무엇인가? 수식을 할 때 4의지四意止에 들어가고, 호흡이 산란하지 않을 때 4의념단四意念斷[67]에 들어가고, 10의 호흡을 얻고 어떤 때는 4신족에 들어가니, 그것이 (세 종류×네 가지를 행하여) 12품에 들어가는 것이다.

물음: 37품경(37도품)을 염하는 것은 무엇인가?

회답: 이른바 수식·상수·지·관·환·정, 이 여섯 가지 일을 행하는 그것이 37품경을 염하는 것이다. 수식만 행해도 또한 37품경을 행한 것이다.

물음: (수식만의 행이) 어찌하여 37품경을 행하는 것인가?

회답: 수식은 4의지(四意止, 4념처)에 들어가기 위해서다. 왜냐하면 4의지는 또한 4의단(四意斷, 4정근)에 들어가야 하니, 염상을 의지하지 않기 때문이다. 4의단은 또한 4신족四神足에 들어가고 믿음에서 행하기 때문에 신족인 것이다.

수식은 신근信根에 들어가기 위해서다. 왜냐하면 부처님을 믿고 마음이 기쁘기 때문에 신근이 생긴다. 또한 정진근(能根)에 들어간다. 왜냐하면 좌선을 행하기 때문에(根)[68] 정진근에 들어간다. 또한 식근(識根, 염근)에 들어간다. 왜냐하면 4제四諦를 알기 때문에 식근이다.

---

67 4의념단四意念斷: 4정근四正勤의 고역古譯이다. 또한 4의단四意斷이라고도 한다.

68 본 경전의 저본인 『신수대장경』의 원문에선 "근根"이라고 표기했는데 다른 장본藏本에선 모두 "고故"라고 표기하였고, 앞의 문맥상 "고故"가 합당하여 "때문에"로 해석하였다.

또한 정근定根에 들어간다. 왜냐하면 마음이 안정하기 때문에 정근이
다. 또한 혜근(慧根)에 들어간다. 왜냐하면 어리석음을 버려 마음이
결(번뇌)에서 벗어나기 때문에 혜근인 것이다.

수식은 또한 신력信力에 들어간다. 왜냐하면 의심을 하지 않기
때문에 신력이다. 또한 진력進力에 들어간다. 왜냐하면 정진을 하기
때문에 진력이다. 또한 염력念力에 들어간다. 왜냐하면 나머지(다른)
의식들이 산란할 수 없기 때문에 염력이다. 또한 정력定力에 들어간다.
왜냐하면 일심이기 때문에 정력이다. 또한 혜력(慧力)에 들어간다.
왜냐하면 먼저 4의지·4의단·4신족을 분별하기 때문에 혜력인 것
이다.

수식은 또한 각의覺意[69]에 들어간다. 왜냐하면 고苦를 알기 때문에
각의이다. 또한 법식각의法識覺意에 들어간다. 왜냐하면 인연을 알기
때문에 법각의法覺意이다. 또한 역각의力覺意에 들어간다. 왜냐하면
악을 버리기 때문에 역각의이다. 또한 애각의愛覺意에 들어간다.
왜냐하면 도를 탐하고 좋아하기 때문에 애각의이다. 또한 식각의息覺
意에 들어간다. 왜냐하면 의념의 작용을 멈추기 때문에 식각의이다.
또한 정각의定覺意에 들어간다. 왜냐하면 (잡념이 없는) 불념不念이
기 때문에 정각의이다. 또한 수각의守覺意에 들어간다. 왜냐하면
불도佛道의 행을 버리지 않기 때문에 수각의인 것이다.

수식은 또한 8행(8정도)에 들어간다. 왜냐하면 마음이 바르기 때문
에 8행에 들어간다. 정의(定意: 선정의 마음)·자심慈心·염정법念淨法

---

69 각의覺意: 범어 bodhi의 고역古譯이다. 깨달음을 뜻한다. 즉 보리지菩提智이다.

이면 그것은 직신直身[70]이다. 지극한 성심의 말·온순한 말·정직한 말·번복하지 않는 말이면 그것은 직어直語[71]이다. 마음에 지혜가 있고, 마음에 믿음이 있고, 마음에 인욕이 있으면 그것은 직심直心[72]이다. 소위 몸과 마음의 악을 없애니(聲息)[73] 그것이 10선十善이고, 도행에 들어가는 것이다. 수식은 또한 직견直見[74]에 들어간다. 왜냐하면 철저히 진리에 순응하여 관조하기(諦觀) 때문에 직견이다. 또한 직행直行[75]에 들어간다. 왜냐하면 도를 행하기 때문에 직행이다. 또한 직치直治[76]에 들어간다. 왜냐하면 37품경을 행하기 때문에 직치(直治, 正思)이다. 또한 직의直意[77]에 들어간다. 왜냐하면 진제眞諦(절대 불이不二의 진리)를 염하기 때문에 직의(直意, 正念)이다. 또한 직정直定[78]에 들어간다. 왜냐하면 마음이 청정하고 마구니 군대를 파괴하기 때문에 직정(直定, 正定)이다. 이것이 8행이다.

마구니 군대는 어떤 것인가? 이른바 색·소리·향기·맛·매끄러운 감촉이면 그것이 마구니 군대이다. (색·소리·향기·맛·매끄러운 감

---

70 직신直身: 8정도의 하나로, 정명正命이다.

71 직어直語: 8정도의 하나로, 정어正語의 고역古譯이다.

72 직심直心: 보리심·지혜심을 말한다.

73 본 경전의 원문에선 "성식聲息"이라고 표기했는데, 다른 장본藏本에선 "신심식身心息"이라고 표기하였다. 문맥상 후자가 타당하여 후자를 선택하여 번역하였다.

74 직견直見: 8정도의 하나로, 정견正見의 고역古譯이다.

75 직행直行: 8정도의 하나로, 정업正業의 고역이다.

76 직치直治: 8정도의 하나로, 정사正思의 고역이다. 또는 직갱直更이라고도 한다.

77 직의直意: 8정도의 하나로, 정념正念의 고역이다.

78 직정直定: 8정도의 하나로, 정정正定의 고역이다.

촉 등 5진을) 받아들이지 않으면 그것은 마구니 군대를 파괴한 것이다.

37도품은 응당 수렴해야 한다. 가령 자신의 몸을 관하고 타인의 몸을 관하면 음심婬心이 멈춰지니, 마음이 산란하지 않아 다른 (잡된) 마음의 작용을 멈춘다. 자신의 통양(감각적인 느낌)을 관하고 타인의 통양을 관하면 성냄이 멈춰진다. 자신의 의식작용의 마음을 관하고 타인의 의식작용의 마음을 관하면 어리석음이 멈춰진다. 자신의 법 法[79]을 관하고 타인의 법을 관하면 도를 얻는다. 이를 4의지四意止라고 한다.

몸에 대한 집착을 벗어남은 육신(물질적 원소인 4대로 구성된 몸)을 벗어나기 위해서고, 통양(감각적인 느낌)에 대한 집착을 벗어남은 5락五樂[80]을 벗어나기 위해서고, 마음에 대한 집착을 벗어남은 상념을 벗어나기 위해서고, 법(사물)에 대한 집착을 벗어남은 (신구의가 욕망하는 세상) 업에 이끌리지 않으면서 생계를 (집착 없이) 다스리기 위해서다. 이를 4의념단四意念斷이라고 한다.

고苦에 대한 인식이란, 세상의 근본은 고이니 고가 되는 것은 (자신

79 법法: 범어 dharma의 의역이다. 하지만 불교에서 말하는 법은 의미가 매우 광범위하다. 법 하면 인간의 행위를 옹호하고 지키는 규범의 의미로써 가치가 있음을 뜻하지만, 그 의미가 더 발전되어 진리의 의미로 사용되었으니, 소위 불법이다. 일반적으로 법칙·규칙, 혹은 품덕·품격으로 쓰인다. 인식론에서는 본성·속성·성질·특질로 쓰인다. 인명학因明學(논리학)에서는 빈사賓詞·위사謂詞로 쓰인다. 존재론에서는 존재를 뜻하지만, 또한 의식이 생각하는 바이거나 의식 자체를 일종의 법으로 본다. 여기에서 말한 "법"도 의식이 생각하는 바이거나 의식 자체를 일종의 "법"으로 말한 것이다.

80 5락五樂: 색(색상·물질)·성(소리)·향(향기)·미(맛)·촉(감촉) 등 오욕의 대상으로 생기는 다섯 가지 즐거움을 말한다.

의) 몸이 있어서이다. (중생은 누구나 자신의 몸 때문에) 고로부터
(인생의) 인연이 시작되었고 만물에 대한 소견所見으로 고가 쌓인
것(苦習)이니, (이 중생세계의) 그 근본이 고인 것이다. 고로부터
인연이 되어 생긴 것은 (연기의 순환에 의해 성주괴공의 과정으로)
다 소멸되는 것이니, 만물은 모두 (성成: 인연에 의해 잠정적인 존재가
됨, 주住: 잠정적으로 머물며 존재함, 괴壞: 존재가 파괴됨, 공空:
무자성으로 환원되므로) 부서지고 파괴되는 것이다. 고제苦諦에 대한
인식을 증가하기 위해선 마땅히 또 여덟 가지의 도(4의지와 4의념단)에
들어가야 한다. 도를 수행하는 사람은 마땅히 이 여덟 가지의 도(4의지
와 4의념단)를 염해야 한다. 이를 4위四爲[81]와 4수고四收苦[82]라고 하며,
4신족념四神足念을 얻는 것이다.

　부처님을 믿으면 마음이 기쁘다. 이를 신근信根[83]이라고 하니, 자신
을 지키고 (진리의) 법을 행하는 것이다. 4제四諦에서 몸과 마음을
관하고 받아들인다. 이를 능근能根[84]이라고 하니, 정진이다. 4제를
염하고 4제를 따른다. 이를 식근識根[85]이라고 하니, 수의守意이다.
4제에서 집중하여 하나의 의념(一意)이 되고, 4제에서 집중하여 하나
의 의념을 쉬는 것이다. 이를 정근定根[86]이라고 하니, 정심(正意)이다.

---

81　4위四爲: 4의지四意止의 별명이다.

82　4수고四收苦: 4의념단四意念斷의 별명이다. 또는 4지고四支苦라고도 한다.

83　신근信根: 일체 무루의 해탈을 일으킬 수 있는 능력이다.

84　능근能根: 선법을 행할 수 있는 능력이다.

85　식근識根: 사려할 수 있는 능력이다.

86　정근定根: 근본적인 선정수행의 능력이다.

4제에서 4제를 관하면 이를 혜근(慧根)이라고 하니, 도의道意이다. 이를 (모두 총칭하여) 5근五根이라고 한다.

4제四諦로부터 믿게 되어 다시는 의혹이 생기지 않는다. 이를 신력信力이라고 한다. 탐욕을 버리고 불도佛道를 행하고 4제에서 스스로 정진하여 악의가 정진을 실패하지 못하게 한다. 이를 진력進力이라고 한다. 악의가 일어나려고 하면 마땅히 즉시 소멸해야 한다. 4제로부터 비롯된 이 마음은 파괴시키지 못하는 마음이다. 이를 염력念力이라고 한다. 내·외의 관은 4제에서 정定을 얻어 악의가 그 선의善意를 파괴시키지 못한다. 이를 정력定力이라고 한다. 4선四禪으로 계념을 하고 4제에서 지혜를 얻어 악의가 그 지혜의 마음(慧意)을 파괴시키지 못한다. 이를 혜력(慧力)이라고 한다. (이러한) 의념의 출입은 없어지면 다시 생긴다. 이를 (모두 총칭하여) 5력五力이라고 한다.

4제에서 4제를 염하면 이를 각의覺意라고 하며, 도의道意를 얻는다. 4제에서 4제를 관하면 이를 법이라고 하고 법식각의法識覺意라고 하니, 생사의生死意를 얻는다. 4제로부터 몸과 마음을 지키면 이를 역각의力覺意라고 하며 도를 지니고 잃지 않으니, 정진력(力)이다. 4제에서 구족하여 마음이 4제를 기뻐하면 이를 애각의愛覺意라고 하니, 도법을 탐내며 도를 행한다. 도법을 행하여 4제에서 마음이 휴식을 얻는다. 이를 식각의息覺意라고 한다. 이미 휴식을 하여 안온하니, 4제에서 하나의 의념이다. 이를 정각의定覺意라고 한다. 자신은 마음이 이미 안정한 줄 알고 4제로부터 자재를 얻고, 마음이 행하는 바는 관觀에 순응을 한다. 이를 수각의守覺意라고 한다. 4제로부터 마음을 관하니, 이를 (총칭하여) 7각의七覺意라고 한다.

4제로부터 4제를 지킨다. 이를 직신도直信道라고 한다. 4제로부터 직(直, 正)을 얻고 4제에서 행한다. 이것은 직(直, 正)이 염도念道에서 행하는 것이다. 4제로부터 몸과 마음을 지키면 이를 직치법(直治法, 정사유법)이라고 한다. 네 가지 악에 **빠지지** 않고자 하는 것은 이른바 네 가지 전도[87]인 것이다. 4제에서 4제를 염하면 이를 직의(直意, 정념)라고 한다. 산란하지 않은 마음은 4제에서 일심의 마음이니, 이를 직정(直定, 정정)이라고 한다. 일심의 선상에서는 우선 불법에 적합한 세 가지 신·구·의의 행위(意行)이니, 즉 음성(언어)·몸·마음을 갖춘 행이다. 이와 같이 부처님의 제자는 8행을 한다. 이를 4선四禪이라고 하며, 4의단四意斷인 것이다.

제1행은 직념(直念, 정념)이며 마음에 속하고 항상 도를 염한다.

---

87 네 가지 전도(四顚倒): 여기에서 말한 네 가지 전도는 37도품 중에 하나인 4의단(4의지)에 대한 전도로서, ①몸의 근본은 더러움인데 청정한 줄 아는 전도이다. ②마음의 현상은 무상한데 불변인 줄 아는 전도이다. ③감수작용(감각적인 느낌)의 근본은 고苦인데 즐거움인 줄 아는 전도이다. ④법(존재)의 근본은 무아인데 유아有我로 아는 전도이다.
그리고 일반적으로 말하는 네 가지 전도는 범부의 전도와 2승인二乘人의 전도로 나눈다. 첫째, 범부의 전도: ①세상의 무상한 존재를 영원한 존재인 줄 안다. 이는 상견의 전도(常見顚倒)이다. ②세상의 모든 만사는 고苦인데 즐거움인 줄 안다. 이는 낙견의 전도(樂見顚倒)이다. ③세상의 청정치 못한 존재를 청정한 줄 안다. 이는 정견의 전도(淨見顚倒)이다. ④세상의 무아(무자성)인 존재를 유아(유자성)인 줄 안다. 이는 아견의 전도(我見顚倒)이다. 둘째, 2승인의 전도: ①열반의 영원한 존재를 무상으로 생각한다. 이는 무상전도(無常顚倒)이다. ②열반의 즐거움을 즐거움이 아니라고 생각한다. 이는 무락전도無樂顚倒이다. ③열반의 진아眞我를 무아라고 생각한다. 이는 무아전도無我顚倒이다. ④열반의 청정을 청정이 아니라고 생각한다. 이는 무정전도無淨顚倒이다.

제2행은 직어(直語, 정어)이며 입에 속하고 4의(四意: 육신·감각·마음·사물에 대한 집착)를 끊는다. 제3행은 직관直觀이며 몸에 속하고 몸의 내외를 관觀한다. 제4행은 직견(直見, 정견)이며 (불법의) 도를 믿는다. 제5행은 직행直行이며 네 가지 악을 따르지 않지만, 이른바 네 가지 전도顚倒인 것이다. 제6행은 직치(直治, 정사유)이며 다른 잡념의 생각을 끊는다. 제7행은 직의直意[88]이며 (세상적인) 탐욕에 빠지지 않는다. 제8행은 직정(直定, 정정)이며 정심正心이다. 이것을 (총칭하여) 8행불八行佛[89]이라고 하며, 벽지불·아라한은 행하지 못하는 바이다.

제1행은 직념直念[90]이다. 직념(정념)은 어떤 것인가? 이른바 만물을 생각(집착)하지 않아 마음이 그곳(만물)에 빠지지 않는다. 그것이 직념(정념)이다. 만물을 생각(집착)한다면 마음은 그 속(만물)에 빠지니, 직념(정념)이 아닌 것이다.

4의지四意止란, 제1의지는 몸에 대한 (애착의) 생각들을 쉬는 것이

---

88 본 경전의 저본으로 사용한 『신수대장경』의 원문에선 "직直"이라고 표기했는데, 다른 장본藏本에선 모두 "직의直意"라고 표기하였다. 역자는 번역에 있어 "의意"를 삽입하여 번역하였다.

89 8행불八行佛: 여기에서 설한 "8행八行"은 8정도를 뜻하며, "불佛"은 불승佛乘을 뜻한다. 즉 8행불八行佛은 8정도를 소승의 실천덕목이 아닌 불승佛乘의 교법으로서 여덟 가지 성도聖道로 본 것이다. 왜냐하면 바로 이어진 뒤의 문장에서 "벽지불·아라한은 행하지 못하는 바이다."라고 서술하였고, 그 뒷받침으로 대부분의 대승경전에선 "성문승聲聞乘·연각승緣覺乘인 2승二乘은 불승佛乘의 교법을 행하지 못한다."라고 설하였기 때문이다.

90 직념直念: 8정도의 하나로, 정념正念의 고역古譯이다.

다. 제2의지는 통양(감각적인 느낌)에 대해 (일체 감각적인 느낌은 고苦라고) 염하는 것이다. 제3의지는 호흡의 출입(날숨 들숨)에 따르는 의념에 대해 (마음의 현상은 무상이라고) 염하는 것이다. 제4의지는 법(존재)의 인연에 대해 (일체 만물은 인연에 의해 생존하는 무자성의 무아라고) 염하는 것이다. 이것이 4의지이다.

도를 수행하는 사람은 마땅히 이 4의지를 염해야 한다. 첫째, 나를 위해 전세(전생)에 몸을 애착했기 때문에 (지금 생사윤회의) 해탈을 얻지 못하였다. 둘째, 지금에 (나는) 원수의 집(내 몸의 비유)에 있어 힘들다. 왜냐하면 욕망을 바라는 자는 삶을 애착하니, 마땅히 (몸에 대한 애착을) 끊어야 한다. 이미 끊었다면 그것은 외신外身을 관찰하는 관지觀止이다.

4의지四意止란, 의지意止라는 것은 마음이 몸에 (대해 애착하고) 있지 않아 (몸에 대한 집착을 끊고) 의념·호흡을 한곳에다 집중한 것(止)이고, 마음이 통양(감각적인 느낌)에 (집착하고) 있지 않아 (일체 감각적인 느낌을 끊고) 의념·호흡을 한곳에다 집중한 것이고, 마음이 마음의 현상에 (집착하고) 있지 않아 (마음의 분별작용을 끊고) 의념·호흡을 한곳에다 집중한 것이고, 마음이 법(사물)에 (대해 집착하고) 있지 않아 (만사에 대한 집착을 끊고) 의념·호흡을 한곳에다 집중한 것이다. 마음이 물질(육신)에 따라 만약(誠) (애착이) 생긴다면 그것은 의념·호흡을 한곳에다 집중한 것이 아닌 것이다.

물음: 사람들은 왜 4의지四意止에 들어가지 못하는가?

회답: 왜냐하면 (범부는 자신의 자아를 집착하지만, 일체 존재는 자성이 없는 무아라서) 고苦이고 공이고 자아의 존재가 없고(무아)

더럽다고 염念하지 않기 때문에 4의지에 들어가지 못한다. 만약 사람의 생각(의식)이 고이고 공이고 자아의 존재가 없고(무아) 더럽다고 항상 염한다면 불도를 행하는 자이고, 항상 이 네 가지 일(4의지)을 염하고 떠나지(버리지) 않는다면 바로 속히 4의지를 얻는 것이다.

물음: 신의지身意止는 어떤 것인가?

이른바 늙음·병듦·죽음을 기억하고 생각(염)하면 그것이 신의지이다.

통양의지痛痒意止는 어떤 것인가?

이른바 마음(일체 감각적인 느낌)을 생각하지 않으면 그것이 통양의지이다.

의의지意意止는 어떤 것인가?

이른바 이미 (기억하고 염했던) 염상을 다시 염상을 하면 그것이 의의지이다.

법의지法意止는 어떤 것인가?

이른바 갈 때(업을 지음)는 업의 행(行)이지만, (이 업의 행으로 인해) 다시 과보로 되돌아오는 게 자아의 존재(法)이니, 또한 이른바 올바름을 지으면 올바름을 얻는(과보) 그것이 법의지인 것이다.

4의지四意止에는 네 종류가 있다. 첫째, (마음의 현상적인 작용은) 무상이라고 염하는 의지意止이다. 둘째, 몸을 고苦라고 염하는 의지이다. 셋째, 공空·유有를 염하는 의지이다. 넷째, (사물의 존재는) 정淨·낙樂이 아니라고 염하는 의지이다. 이것이 4의지이다. 일체 천하(세계)의 일은 모두 몸·통양(감각적인 느낌)·마음[91]·법(사물)에 속하니, 전부(都盧)가 이 네 가지 일에 불과하다.

4의지란 첫째, 다만 호흡에다 계념을 하고 삿됨을 생각하지 않는다. 둘째, 다만 선善만을 생각하고 악을 생각하지 않는다. 셋째, 자기 몸은 내 것이 아니고 만물도 모두 내 것이 아니라고 생각하여 바로 다시 (더 이상) 생각하지 않는다. 넷째, 눈은 물질(혹은 육신)을 보지 않고 마음은 법(진리의 법)에만 가 있다. 이를 4의지라고 한다.

도를 수행하는 사람은 마땅히 4의지를 행해야 한다. 첫째, 눈이 인식한 그 (상대의) 대상을 마땅히 (그의) 몸속의 더러움으로 헤아려야 한다. 둘째, 마음이 환희하고 즐거워하는 생각을 마땅히 통양(감각적인 느낌)의 고苦라고 염해야 한다. 셋째, 내 마음이 성내면 타인의 마음도 또한 성을 낸다. 내 마음을 바꾸면 타인의 마음도 또한 바뀌고 바로 (그러한) 마음을 다시 바꾸지 않는다. 넷째, 나의 마음이 질투를 하면 타인의 마음도 역시 질투를 한다. 내가 타인의 악을 생각하면 타인도 역시 나의 악을 생각하니, 바로 (그러한) 생각을 다시 하지 않는 그것이 법인 것이다.

신의지身意止란 자기 몸을 관하고 타인의 몸을 관하는 것이다. 몸은 어떤 것인가? "통양(감각적인 느낌)이 몸이라고 말하면 통양은 무수하다."라고 하겠다. "마음이 몸이라고 말하면 또한 (마음은) 자아의 존재가 없지만 과거의 마음·미래의 마음이 있다."라고 하겠다. "존재(法)가 몸이라고 말하면 또한 (현상적인 존재는 자성이 없어) 자아의 존재가 없지만 과거의 존재·미래의 존재가 있다."라고 하겠다.

---

91 본 경전의 저본인 『신수대장경』의 원문에선 "의意"가 빠졌는데, 다른 장본藏本에선 모두 "수의隨意"라고 표기하였다. 그리고 이 단락에선 4념처의 범위를 설명하였기 때문에 번역에 있어 "의意"를 삽입하고 "마음"으로 번역하였다.

"행(의지작용)이 몸이라고 말하면 행(의지작용) 자체는 형체가 없지만 (행은) 몸이 아닌 줄로 안다."라고 하겠다. 이런 사유(헤아림)를 하게 되면 4의지인 것이다.

자아의식(意: 제7말나식)이 육신의 생각에 빠지지 않으면 의식도 또한 생기지 않는다. 귀·코·입·몸도 또한 그러하다. 마음이 몸에 (집착하고) 있지 않으면 마음을 한곳에다 집중한 것(心)[92]이니, 마음이 통양(감각적인 느낌)에 (집착하고) 있지 않고, 마음이 염상에 (집착하고) 있지 않고, 마음이 법에 (집착하고) 있지 않아 마음을 한곳에다 집중한 것이다.

물음: 누가 주인이라서 몸·마음·통양(감각적인 느낌)을 아는 것인가?

회답: 몸이 있어서 몸의 마음이 아는 것이고, 통양(감각적인 느낌)은 통양의 마음이 아는 것이고, 마음의 마음이 마음의 마음을 아는 것이고, 배고픔이 있으면 배고파하는 마음이 아는 것이고, 갈증이 있으면 갈증의 마음이 아는 것이고, 추위가 있으면 추위하는 마음이 아는 것이고, 더위가 있으면 더위하는 마음이 아는 것이니, 그런 분별(5음의 분별심)로 아는 것이다. 몸의 마음이 몸의 마음을 일으키고, 통양(감각적인 느낌)의 마음이 통양의 마음을 일으키고, 마음의 마음이 마음의 마음을 일으키고, 법(존재)의 마음이 법(존재)의 마음을 일으키는 것이다. (이는 인간의 존재는 자아의 실체가 무자성이라서 5음 이외에는 자아를 찾을 수 없다고 설명하고 있다.)

---

92 본 경전의 원문에선 "심心"이라고 표기했는데, 다른 장본藏本에서는 "지止"로 표기하였다. 의미상 후자의 지止를 선택하여 의역하였다.

4의지는 이른바 마음(자아의식)이 악을 생각하면 억제하여 일으키지 못하게 하는 그것이 지止인 것이다.

4의지는 또한 4선四禪을 따르고, (4선도) 또한 4의지를 따른다. 4의지를 따르면 도에 접근하니, 악을 집착하지 않아 바로 선한 마음이 생긴다. 4선은 4의정四意定이니, 마음의 분별을 멈춰 쉬게 하는 것이다.

불도의 행에는 네 가지 인연이 있다. (1) 몸에 (집착을) 멈춘다. (2) 통양(감각적인 느낌)에 (집착을) 멈춘다. (3) 마음에 (집착을) 멈춘다. (4) 법에 (집착을) 멈춘다. 몸에 (집착을) 멈춤이란 이른바 육신을 보고 더럽다고 생각하는 것이다. 통양(감각적인 느낌)에 (집착을) 멈춤이란 이른바 자신이 거만하지 않는 것이다. 마음에 (집착을) 멈춤이란 이른바 멈춤은 성내지 않는 것이다. 법에 (집착을) 멈춤이란 이른바 도를 의심하지 않는 것이다. 사람이 4의지를 수행하면 마음이 생각을 일으킬 때 즉시 판별하여 약[93]을 대처해 쓴다. (요컨대) 하나의 의지意止를 얻으면 바로 4의지를 얻은 것이다.

4의정四意定은 첫째, 자기 몸을 관하고 또다시 타인의 몸을 관한다. 둘째, 자기의 통양(감각적인 느낌)을 관하고 또다시 타인의 통양을 관한다. 셋째, 자기의 마음을 관하고 또다시 타인의 마음을 관한다. 넷째, 자기 법의 인연을 관하고 또다시 타인 법의 인연을 관한다. 이와 같이 몸은 일체 내외의 인연과 성패의 일을 관하니, 마땅히 내 몸도 또한 성패가 그와 같음을 생각해야 하는 그것이 4의정인

---

93 본 경전의 원문에선 "약藥"이라고 표기했는데, 다른 장본藏本에서는 "낙樂"으로 표기하였다.

것이다.

사람이 4의四意(몸·통양·마음·법)를 멈추게 하고자 하는 것은 외적인 것을 버리고 내적인 것을 포용하는 것이니, 이미 마음을 포용했다면 외적인 것을 버린 내적인 것이다.

타인의 몸을 관하는 것은 이른바 스스로 자기의 몸을 관하면서 타인의 몸에 대한 생각이 떠나지 않으면 바로 타인의 몸을 관하는 것이다. 만약(苦)[94] 타인의 몸만을 관한다면 그것은 아니다. (타인의) 통양(감각적인 느낌)·마음·법도 또한 그러하다. 자기의 몸을 탐착하면 마땅히 타인의 몸을 관해야 하고, 타인의 몸을 염念하면 바로 자신의 몸을 관하는 것이니, 이와 같음이 의지意止이다.

물음: 마음의 견행見行[95]을 왜 멈추는가?

회답: 마음이 자기의 몸을 관하고 탐착하면 바로 타인의 (부정한) 몸을 관하게 하여 마음을 탐심에서 바뀌게 하기 때문에 응당 (탐착이) 멈춰진다. 만약 마음이 타인의 몸을 탐착한다면 마땅히 되돌려 자신의 (부정한) 몸을 관해야 한다.

어떤 때는 자기의 몸을 관하고 타인의 몸을 관하지 않는다. 어떤 때는 마땅히 타인의 몸을 관해야 하고 자기의 몸을 관하지 않아야 한다. 어떤 때는 자기의 몸을 관할 수 있고 또한 타인의 몸을 관할 수도 있다. 어떤 때는 자기의 몸을 관할 수 없고 또한 타인의 몸을 관할 수도 없다.

---

94 본 경전의 원문에선 "고苦"라고 표기하였는데, 내용상 해석이 안 되고 "약若"자의 오자라면 해석이 되므로 "만약"으로 해석하였다.

95 견행見行: 타인을 상관하지 않고 자신의 주관이나 의견으로 일을 행함이다.

자기의 몸을 관하는 것은 (또한) 타인의 몸을 관하고 헤아리는 것이다. (탐착의) 마음이 멈춰 쉬지 못하면 반드시 자기의 몸을 염하고 집중해야 바로 타인의 몸에 집중하도록 바뀐다.

타인의 몸을 관하는 것은 (가령 타인의) 육신을 보면 살찌고 희고 눈썹을 검게 그렸고 입술은 붉지만, (구상九想이나 백골관白骨觀으로 타인의) 살찐 걸 보면 마땅히 죽은 사람이 팽창한 것으로 생각해야 하고, 희게 보이면 마땅히 죽은 사람의 뼈가 흰 것으로 생각해야 하고, 눈썹이 검게 보이면 마땅히 죽은 사람이 방금 검어진 것으로 생각해야 하고, 붉은 입술을 보면 마땅히 붉은 피로 생각해야 한다. 몸의 모든 것을 헤아려보고 이런 마음을 얻게 됨으로써 곧 다시 몸을 애착하지 않도록 바뀌는 것이다.

관觀에는 내·외가 있으니, 질투·성냄·의심은 마땅히 내관內觀을 해야 하고, 탐심·음심은 마땅히 외관外觀을 해야 한다. 탐심은 마땅히 무상(非常)하고 부서진다고 염상을 해야 하고, 음심은 마땅히 (그 상대) 대상의 모든 악로(惡露: 더러움)를 염상해야만 자기 몸의 음심을 관하는 것과 같으니, 응당 4단의(四斷意, 4정근)를 염상해야 한다.

관觀에는 두 종류가 있다. 첫째 외부(바깥)를 관하고, 둘째 내부(안)를 관한다. 몸에 있는 36가지 (더러운) 것들을 관하니, 일체 대상으로 있는 것은 모두 외부에 속한다. 무소유를 관하면 도이니, 그것은 내관인 것이다.

관觀에는 세 가지 일이 있다. 첫째, 몸의 네 가지 색을 관하니, 이른바 검은색·청색·적색·백색이다. 둘째, 생사를 관한다. 셋째, 몸의 더러움이 흘러나오는 아홉 가지 구멍을 관한다. 백색을 관하고 검은 색을 보면 더러움인 것이다.

마땅히 먼저 불법을 듣고 학습을 하고 난 뒤에 도를 얻는 것이다. (불법을 듣고도 아직) 도를 얻지 못했다면 들음(배움)뿐이고, (도를) 얻었다면 별명이 증득이니, (도를) 얻음은 바로 앎인 것이다.

관觀에는 네 가지가 있다. 첫째 몸을 관하고, 둘째 마음을 관하고, 셋째 행을 관하고, 넷째 도를 관하니, 이것이 4관四觀이다. 비유하면 사람이 물건을 지키는 것이니, 도둑이 오면 바로 물건을 내버려두고 도둑을 살펴보는 것과 같다. (이와 같이) 사람이 이미 관觀을 얻었다면 바로 몸을 내버려두고 물건을 관하는 것이다.

관觀에는 두 가지 일이 있다. 첫째 밖의 모든 소유의 물건을 관하고, 둘째 내면(내심)을 관하면 이른바 무소유이다. 공을 관하고 나면 이미 4선四禪을 얻은 것이다. 공과 무소유를 관하면 마음이 있든 마음이 없든 무소유이니, 그것이 공이다. 또한 이른바 네 가지(몸과 마음과 행과 도)를 버려(집착을 끊어) 4선을 얻는 것이다.

세간(세상)의 일을 끊고자 한다면 마땅히 4의지四意止를 행해야 한다. 4의지를 없애고자 한다면 마땅히 4의단四意斷을 행해야 한다. 사람은 탐욕에 빠져 탐내기 때문에 4신족四神足의 나는(飛) 수행을 하려고 한다. 다만 5근五根은 있지만 5력五力이 없으면 (마음을) 억제하지 못한다. 다만 5력은 있지만 5근이 없다면 4신족이 생기거나 얻게 되지 못한다. 오히려 5력을 되돌리게 되면 능히 위의 12품(4의지·4의단·4신족)을 제어할 수 있다.

4의단은 현재는 죄를 짓지 않아도, 단지 (과거의) 죄를 끝냈기 때문에 그것이 4의단인 것이다. (이미 죄를) 끝냈기 때문에 새로운 죄업을 받아들이지 않아 4의지四意止이다. (4의지) 때문에 (이미 죄를) 끝냈고 새로운 죄업을 멈추기에 4의단이다. (4의단) 때문에 (이미 죄를) 마쳤고 새로운 죄업을 끊기에 4신족이다.

지족知足[96]은 다시 수의守意를 찾지 않으니 마음이 마친 것이고, 태어남은 새로움이고 늙음은 낡음이고 죽음은 신체가 파괴되고 무너져 다 없어지는 것이다.

4의단은 이른바 항상 도를 염念하여 선한 생각이 생기면 바로 악념을 끊기 때문에 (악을) 끊고 멈추는 도이다. 선한 생각이 멈춰지면 바로 악념이 생기기 때문에 (악을) 끊지 못하는 것이다.

4의단이란 마음 자체가 악을 접근하도록 하지 않기 때문에 그것이 끊음이지만, 또한 이른바 죄의 끊음도 생각하지 않는 것이다.

4신족은 첫째 신신족身神足이고, 둘째 구신족口神足이고, 셋째 의신족意神足이고, 넷째 도신족道神足이다. 날려고 생각만 하고 (날려는) 생각을 소멸하지 않으려고 한다면 도를 따르지 않는 것이다.

4이제발四伊提鉢[97]에서 4는 숫자이고, 이제伊提는 지止이고, 발鉢은 신족이다. 날고자 생각하면 바로 날아오르고, 어떤 때는 좌선을 정진하여 7일이면 바로 신족을 얻는다. 혹은 7개월[98] 혹은 7년이 되기도

---

96 지족知足: ① 만족할 줄 아는 것을 뜻한다. 즉 자신이 처한 일체 상황을 만족할 줄 아는 것이다. ② 범어 saṃtuṣṭa의 의역이 지족知足이다. 혹은 욕계의 제3천의 도솔천을 말한다.

97 이제발伊提鉢: 빨리어 iddhi-pāda의 음역으로, 의미는 신족神足이다. 신神은 신통력·자재력을 말한다. 족足은 원인·근거를 말하며, 여기서는 선정禪定을 뜻한다.

98 본 경전의 저본으로 사용한 『신수대장경』의 원문에선 "7일"이 앞뒤로 이어져

하다.

4신족을 얻으면 세간(세상)에 오랫동안 머무를 수 있는 죽지 않는 약이 있다. 첫째 마음이 (일심에 계념하여) 변하지 않음이고, 둘째 믿음이고, 셋째 염念이고, 넷째 진리에 순응한 통찰력(諦)이 있음이고, 다섯째 지혜가 있음이니, 이것이 신족의 약이다.

4신족을 얻으면 세간(세상)에 오랫동안 머무르지 못하는 세 가지 인연(원인)이 있다. 첫째, 자신이 그 몸의 더러운 냄새를 싫어하기 때문에 (세상에 머무르지 못하고) 죽는다. 둘째, 경經과 도를 받아들일 수 있는 사람이 없기 때문에 (세상에 머무르지 못하고) 죽는다. 셋째, 원수·악인들이 무섭게 비방하여 (무고한) 죄를 얻기 때문에 (세상에 머무르지 못하고 형고刑苦로) 죽는다.

신족의 아홉 종류는, 이른바 수레나 말을 타거나[99] 걸으면 속히 가는 것이니 또한 신족이다. 외적인 계戒의 견고함도 또한 신족이고, (신념의) 지성도 또한 신족이고, 인욕도 또한 신족이다.

신족의 수행에는 마땅히 날아오르려는 마음이 있어야 한다.

물음: 날아오르려는 마음은 무엇인가?

회답: 네 가지 인연이 있다. 첫째 믿음이고, 둘째 정진이고, 셋째 선정이고, 넷째 마음을 (일심에 계념하여) 변하지 않는 것이다.

믿음은 무엇인가? 날아오르려는 행을 믿는 것이다.

---

"7일"을 중복되게 표기하였는데, 다른 장본藏本에선 "7월七月"이라고 표기하였다. 문맥상 "七月"이 더 타당하여 "7개월"로 번역하였다.

[99] 본 경전은 대략 서기 2C경에 한역漢譯되는데, 당시의 빠른 교통수단으로 마차나 말, 수레를 묘사하고 있다. 이는 『도지경』에서도 마찬가지이다.

정진은 무엇인가? 날아오르려는 (노력의) 행이다.

선정은 무엇인가? 날아오르려는 (일심의) 행이다.

마음을 (일심에 계념하여) 변하지 않음은 무엇인가? 이른바 날아오르려는 행에 전념하면서 마음을 (일념으로 하여) 변하지 않는 것이다.

몸은 불도를 행하려고 원하지 않아도 마음이 행하고자만 하면 바로 행하는 것이다. 신족도 이와 같이 마음이 날고자만 하면 곧 날 수 있는 것이다.

5근은 비유하면 식물의 종자가 견고하면 바로 뿌리가 생기지만, 견고하지 못하면 (썩어서) 뿌리가 없는 것과 같다.

(비유하면) 믿음은 빗물이고, 마음을 (계념하여) 변하지 않게 함은 정진력(力)이다. 보이는 바의 (현상적인) 만물은 (유의有爲에 빠지게 하는) 근본 뿌리(根)이지만, (그 유위의) 마음을 통제하는 것은 정진력이다.

신근信根에는 세 가지 음(陰: 구성요소)이 있다. 첫째 통양(감각적인 느낌)이고, 둘째 표상작용이고, 셋째 인식작용이다.

정근定根에는 한 가지 음陰이 있으니, 이른바 인식작용인 것이다.

5근·5력·7각의에는 그중에 한 가지 음陰을 갖고 있는 것, 그중에 두 가지 음을 갖고 있는 것, 그중에 세 가지 음을 갖고 있는 것, 네 가지 음을 갖고 있는 것으로 모두 음이 있다.

물음: 이(5근·5력·7각의) 도행에는 어떤 후천적 조건(緣)으로 음陰이 있는 것인가?

회답: 열반에는 음이 없지만, 나머지는 모두 음이 있다.

7각의 중 위의 세 가지 각覺은 입에 속하고, 가운데의 세 가지

각覺은 몸에 속하고, 아래의 한 가지 각覺은 마음에 속한다. 각은 무엇인가? 염념念念이 각覺이고, 염념이 득得이니, 각득覺得은 마음이며 바로 도에 순응하는 것이다.

외적인 7각의는 생사에 빠지고, 내적인 7각의는 도에 순응한다. 내적인 7각의란 이른바 37품경(37도품)이고, 외적인 7각의란 이른바 만물인 것이다.

각覺이란 사물을 인식하고 바로 각의覺意에 순응하는 것이다. 각의가 있으면 바로 도에 순응한다. 각覺에 (생사의) 각의가 있으면 죄罪에 빠지지만, 각에 37품경(37도품)은 바로 정의正意이니, 그것은 도에 순응함이다. 선악을 각覺하면 그것은 죄에 빠지는 것이다.

물음: 4제로부터 몸과 마음이 지니는(지키는) 것은 무엇인가?

회답: 이른바 몸은 7계를 지니고 마음은 3계를 지니니, 그것이 몸과 마음이 지니는 것이다.

진리에 순응한 통찰력(諦)으로부터 마음이 휴식을 얻고, 4제로부터 마음이 (생사의) 인연을 쉬게 한다. 휴식이란 생각을 쉬는 것이고, 사유에서 도를 얻고 (사유의) 생각을 받아들이는 것이다.

도법을 탐내고 좋아한다면 마땅히 불도를 행해야 하니, 애각의愛覺意이다. 도를 지니고 잃지 않으면 역각의力覺意이다. 이미 10의 호흡을 얻으면 몸이 안온하니, 식각의息覺意이다. 자신이 이미 안정한 줄 아니, 정각의定覺意이다. 몸과 마음이 각의를 지니고 잃지 않으니, 지님(持)이다.

진리에 순응한 통찰력으로 자재한 마음이 행하는 바는 이른바 4제四諦를 얻는다. 또한 4의지四意止를 염송할 수 있고, 또한 4의단四意

斷을 할 수 있고, 또한 4신족을 할 수 있고, 또한 5근·5력·7각의·8행(8 정도)을 할 수 있으니, 그것은 자재한 마음이 행하는 바이다. 진리를 꿰뚫어 순응한 관조(諦觀)란 37품경(37도품)의 요지이니, 그것이 수의守意이다. 각覺이란 이른바 진리에 순응한 통찰력으로 (4제를 깨닫고) 다시 죄를 받아들이지 않는 것이다.

8행에는 내외가 있다. 몸에는 살생·투도(도둑질)·사음이고, 음성 (언어)에는 양설(이중 말)·악구(악담)·망언(거짓말)·기어(아첨의 말) 이고, 마음에는 질투·어리석음이니, 이상의 세 가지 법(신·구·의 3업)은 (통틀어) 외적인 열 가지 일이 되고, (중생들 자신의 행업이 끌어당긴) 5도(五道: 천상·인간·축생·아귀·지옥)는 내적인 것이 된다.

진리에 순응한 통찰력으로 4제를 지키고, 이 신족에서 지키고 옹호하여 이른바 법을 보호하고 죄를 범하지 않는다. 4제는 도이니, (세상 만물은 연기緣起에 의해 존재하므로) 무상(非常)하고 고이고 공이고 자아의 존재가 없고(무아) 더럽다고 알면 그것은 직견(直見, 정견)이다. 사람들은 무상無常을 불변성으로 헤아리고, 고苦를 즐거움이라고 생각하고, 공인 것을 실유(有)[100]로 헤아리고, (자신이 진짜 소유한) 몸이 아닌데 (진짜 소유한) 몸인 줄 알고 사용하고, (몸은 참으로) 더러운데 청정하다고 헤아리면 그것은 직견(정견)이 아닌 것이다.

직견(直見, 정견)은 어떤 것인가? 근본적으로 (12연기의) 인연을 믿으며 (과거세의) 숙명으로부터 있는 줄 안다. 이를 직견이라 한다.

직치(直治, 정사유)는 어떤 것인가? 사유의 분별은 능히 선의善意에

---

100 유有: 존재의 의미이고, 소위 실유·가유假有·묘유妙有를 말한다. 또는 생존의 경지를 말한다.

도달한다. 이것이 직치이다.

직어(直語, 정어)는 어떤 것인가? 선한 말을 준수하고 법을 범하지 않아 이같이 상응한 말만 받아들인다. 이를 직어라고 한다.

직업(直業, 정명)은 어떤 것인가? 몸은 당위를 행하고 범죄 행위를 하지 않는다. 이를 직업이라고 한다.

직치(直治, 정사유)는 어떤 것인가? 도를 얻은 자의 가르침과 계행을 따른다. 이를 직치라고 한다.

직정진(直精進, 정정진)은 어떤 것인가? 무위를 행하고 낮과 밤으로 중지하지 않고 방편을 버리지 않는다. 이를 직정진의 방편이라고 한다.

직념(直念, 정념)은 어떤 것인가? 항상 경經·계戒를 구한다. 이를 직념이라고 한다.

직정(直定, 정정)은 어떤 것인가? 마음이 미혹하지 않고 또한 수행을 버리지 않는다. 이를 직정(정정)이라고 한다.

이와 같은 수행은 현자賢者에게 8업행(8정도)을 갖추게 하니, 이미 수행을 구족하고 난 후이면 바로 불도를 행하는 것이다.

8직八直에는 정진의 방편(治)이 있고 실천행이 있다. 8직을 행하면 바로 생사를 벗어나는 참된 도의 요지(出要)를 얻는다. 몸이 계를 범하지 않으면 그것이 직치(直治, 정사유)이다. 지혜·믿음·인욕은 수행이다. 몸과 마음이 (지혜·믿음·인욕을) 지니면 이를 직치라고 하는데, 이른바 (분별을) 생각한 바가 없으면 직(올바름)이고, (분별을) 생각한 바가 있으면 직(올바름)이 아닌 것이다.

人行安般守意, 得數得相隨得止便歡喜. 是四種, 譬如鑽火見煙, 不能熟物. 得何等喜? 用未得出要故也.

安般守意有十八惱, 令人不隨道. 一爲愛欲, 二爲瞋恚, 三爲癡, 四爲戲樂, 五爲慢, 六爲疑, 七爲不受行相, 八爲受他人相, 九爲不念, 十爲他念, 十一爲不滿念, 十二爲過精進, 十三爲不及精進, 十四爲驚怖, 十五爲強制意, 十六爲憂, 十七爲忽忽, 十八爲不度意行愛, 是爲十八惱. 不護是十八因緣, 不得道, 以護便得道也.

不受行相者, 謂不觀三十二物, 不念三十七品經, 是爲不受行相. 受他人相者, 謂未得十息便行相隨, 是爲受他人相. 他念者, 入息時念出息, 出息時念入息, 是爲他念. 不滿念者, 謂未得一禪便念二禪, 是爲不滿念. 強制意者, 謂坐亂意不得息, 當經行讀經, 以亂不起, 是爲強制意也. 精進, 爲點走是六事中, 謂數息相隨止觀還淨, 是爲六也.

何等爲喘? 何等爲息? 何等爲氣? 何等爲力? 何等爲風? 制者爲意, 息爲命, 守 爲氣, 爲視聽, 風爲能言語, 從道屈伸, 力爲能舉重瞋恚也.

要從守意得道. 何緣得守意, 從數轉得息, 息轉得相隨. 止觀還淨亦爾也.

行道欲得止意, 當知三事. 一者先觀, 念身本何從來. 但從五陰行有, 斷五陰不復生. 譬如寄託, 須臾耳. 意不解, 念九道以自證.

二者自當內視心中, 隨息出入. 三者出息入息念滅時, 息出小輕念滅時. 何等爲知無所有? 意定便知空, 知空便知無所有. 何以故. 息不報便死, 知身但氣所作, 氣滅爲空, 覺空墮道也.

故行道有三事. 一者觀身, 二者念一心, 三者念出入息. 復有三事. 一者止身痛痒, 二者止口聲, 三者止意念. 行是六事, 疾得息也.

要經言一念謂一心. 近念謂計身, 多念謂一心, 不離念謂不離念身. 行是四事, 便疾得息也.

坐禪數息卽時定意, 是爲今福, 遂安隱不亂是爲未來福, 益久續復安定是爲過去福也.

坐禪數息不得定意是爲今罪, 遂不安隱亂意起是爲當來罪, 坐禪益久遂不安定是爲過去罪也.

亦有身過意過. 身直數息不得是爲意過. 身曲數息不得是爲身過也.

坐禪自覺得定意, 意喜爲亂意, 不喜爲道意.

坐禪念息已止便觀, 觀止復行息, 人行道當以是爲常法也.

佛說有五信. 一者信有佛有經, 二者去家下頭髮求道, 三者坐行道, 四者得息, 五者定意所念, 不念爲空.

難, 不念爲空, 何以故念息?

報曰, 息中無五色, 貪婬瞋恚愚癡愛欲是亦爲空也.

可守身中意者謂意在身觀, 是爲身中意. 人不能制意, 故令數息, 以黠能制意, 不復數息也.

問, 何等爲自知?何等爲自證?

報, 謂能分別五陰, 是爲自知, 不疑道, 是爲自證也.

問曰, 何等爲無爲?

報, 無爲有二輩,有外無爲, 有內無爲. 眼不觀色, 耳不聽聲, 鼻不
受香, 口不味味, 身不貪細滑, 意不志念, 是爲外無爲. 數息相隨
止觀還淨是爲內無爲也.

問, 現有所念, 何以爲無爲?

報, 身口爲戒, 意向道行, 雖有所念, 本趣無爲也.

問, 何等爲無? 何等名爲?

報, 無者謂不念萬物. 爲者隨經行. 指事稱名, 故言無爲也.

問, 設使宿命對來到, 當何以却?

報, 行數息相隨止觀還淨, 念三十七品經能却.

難, 宿命對不可却, 數息行三十七品經何以故能却?

報, 用念道故消惡. 設使數息相隨止觀還淨不能滅惡, 世間人皆
不得道. 用消惡故得道, 數息相隨止觀還淨, 行三十七品經尚得
作佛, 何況罪對! 在十方積如山, 精進行道不與罪會.

問曰, 經言作是何以故不會?

報, 用作是故也.

數息爲墮十二品. 何謂十二品? 數息時墮四意止, 息不亂時爲墮
四意念斷, 得十息有時爲墮四神足, 是爲墮十二品也.

問, 何等爲念三十七品經?

報, 謂數息相隨止觀還淨, 行是六事, 是爲念三十七品經也. 行數

息亦爲行三十七品經.

問, 何以故爲行三十七品經?

報, 數息爲墮四意止. 何以故. 爲四意止亦墮四意斷, 用不待念故. 爲四意斷亦墮四神足, 用從信故, 爲神足也.

數息爲墮信根. 用信佛意喜故生信根. 亦墮能根. 用坐行故, 爲墮能根. 亦墮識根, 用知諦故, 爲識根. 亦墮定根, 用意安故, 爲定根. 亦墮黠根. 用離癡意解結故, 爲黠根也.

數息亦墮信力. 用不疑故, 爲信力. 亦墮進力, 用精進故, 爲進力. 亦墮念力. 用餘意不能攘故, 爲念力. 亦墮定力. 用一心故爲定力. 亦墮黠力. 用前分別四意止·斷·神足故, 爲黠力也.

數息亦墮覺意. 用識苦故, 爲覺意. 亦墮法識覺意. 用知道因緣故, 爲法覺意. 亦墮力覺意. 用棄惡故, 爲力覺意. 亦墮愛覺意. 用貪樂道故, 爲愛覺意. 亦墮息意覺. 用意止故爲息意覺. 亦墮定覺意. 用不念故, 爲定覺意. 亦墮守覺意. 用行不離故, 爲守覺意也.

數息亦墮八行. 用意正, 故入八行. 定意·慈心·念淨法, 是爲直身. 至誠語·軟語·直語·不還語是爲直語. 黠在意, 信在意, 忍辱在意, 是爲直心. 所謂以聲息(身心息), 是爲十善, 墮道行也. 數息亦墮直見. 用諦觀故爲直見. 亦墮直行. 用向道, 故爲直行. 亦墮直治. 用行三十七品經, 故爲直治. 亦墮直意. 用念諦, 故爲直意. 亦墮直定. 用意白淨·壞魔兵, 故爲直定. 是爲八行.

何等爲魔兵? 謂色聲香味細滑, 是爲魔兵. 不受是爲壞魔兵.

三十七品應斂. 設自觀身, 觀他人身, 止婬, 不亂意, 止餘意. 自觀

痛痒, 觀他人痛痒, 止瞋恚. 自觀意, 觀他人意, 止癡. 自觀法,
觀他人法, 得道. 是名爲四意止也.

避身爲避色, 避痛痒爲避五樂, 避意爲避念, 避法, 不墮願業治
生. 是名爲四意念斷也.

識苦者, 本爲苦, 爲苦者, 爲有身. 從苦爲因緣起者, 所見萬物,
苦習者, 本爲苦. 從苦爲因緣生盡者, 萬物皆當敗壞. 爲增苦習,
復當爲墮八道中. 道人當念是八道. 是名爲四爲·四收苦, 得四神
足念也.

信佛意喜. 是名爲信根, 爲自守行法. 從諦身意受. 是名能根, 爲
精進. 從諦念遂諦. 是名識根, 爲守意. 從諦一意, 從諦一意止.
是名定根, 爲正意. 從諦觀諦, 是名黠根, 爲道意. 是名爲五根也.
從諦信不復疑, 是名信力. 棄貪行道, 從諦自精進, 惡意不能敗精
進. 是名進力. 惡意欲起, 當卽時滅. 從諦是意, 無有能壞意. 是名
念力. 內外觀從諦以定, 惡意不能壞善意. 是名定力. 念四禪從諦
得黠, 惡意不能壞黠意. 是名黠力. 念出入盡復生. 是名爲五力也.
從諦念諦, 是名爲覺意, 得道意. 從諦觀諦, 是名法名法識覺意,
得生死意. 從諦身意持, 是名力覺意, 持道不失爲力. 從諦足喜
諦, 是名愛覺意, 貪道法行道. 行道法從諦, 意得休息. 是名息意
覺. 已息安隱, 從諦一念意. 是名定覺意. 自知意以安定, 從諦自
在, 意在所行從觀. 是名守意覺. 從四諦觀意, 是名爲七覺意也.
從諦守諦. 是名直信道. 從諦直從行諦. 是爲直從行念道. 從諦身
意持, 是名直治法. 不欲墮四惡者, 謂四顚倒. 從諦念諦, 是名直

意. 不亂意, 從諦一心意, 是名直定. 爲一心上頭, 爲三法意行,
俱行以聲·身·心. 如是佛弟子八行. 是名四禪, 爲四意斷也.
第一行爲直念, 屬心, 常念道. 第二行爲直語, 屬口, 斷四意. 第三
行爲直觀, 屬身, 觀身內外. 第四行爲直見, 信道. 第五行爲直行,
不隨四惡, 謂四顚倒. 第六行爲直治, 斷餘意. 第七行爲直, 不墮
貪欲. 第八行爲直定, 正心. 是爲八行佛, 辟支佛·阿羅漢所不行也.
第一行爲直念. 何等爲直念? 謂不念萬物, 意不墮是中. 是爲直
念. 念萬物, 意墮中, 爲不直念也.

四意止者, 一意止爲身念息. 二意止爲念痛痒. 三意止爲念意息
出入. 四意止爲念法因緣. 是爲四意止也.

道人當念是四意止. 一者爲我前世愛身, 故不得脫. 二者今有劇
怨家. 何以故. 所欲者愛生, 當斷. 已斷, 爲外身觀止也.

四意止者, 意止者, 意不在身爲止, 意不在痛痒爲止, 意不在意爲
止, 意不在法爲止. 意隨色誠便生, 是爲不止也.

問, 人何以故不墮四意止?

報, 用不念苦·空·非身·不淨故, 不墮四意止. 若人意常念苦·空·
非身·不淨行道者, 常念是四事不離, 便疾得四意止也.

問, 何等爲身意止? 謂念老病死, 是爲身意止.

何等爲痛痒意止? 謂所不可意, 是爲痛痒意止.

何等爲意意止? 謂已念復念, 是爲意意止.

何等爲法意止? 謂往時爲行, 還報爲法, 亦謂作是得是, 是爲法意
止也.

四意止有四輩. 一者念非常意止. 二者念苦身意止. 三者念空有意止. 四者念不淨·樂意止. 是爲四意止. 一切天下事, 皆墮身·痛痒·墮法, 都盧不過是四事也.

四意止者一者但念息不邪念. 二者但念善不念惡. 三者自念身非我所, 萬物皆非我所, 便不復向. 四者眼不視色, 意在法中. 是名爲四意止也.

道人當行四意止. 一者眼色, 當校計身中惡露. 二者意歡喜念樂, 當念痛痒苦. 三者我意瞋, 他人意亦瞋. 我意轉, 他人意亦轉, 便不復轉意. 四意者, 我意嫉, 他人意亦嫉. 我念他人惡, 他人亦念我惡, 便不復念, 是爲法也.

身意止者, 自觀身, 觀他人身. 何等爲身? 欲言痛痒是身, 痛無有數. 欲言意是身, 復非身, 有過去意, 未來意. 欲言法是身, 復非身, 有過去未來法. 欲言行是身, 行無有形, 知爲非身. 得是計, 爲四意止也.

意不墮色念, 識亦不生. 耳鼻口身亦爾. 意不在身爲心, 意不在痛痒, 意不在念, 意不在法爲心也.

問, 誰主知身·意·痛痒者?

報, 有身 身意知, 痛痒 痛痒意知, 意意 意意知, 有飢 飢意知, 有渴 渴意知, 有寒 寒意知, 有熱 熱意知, 以是分別知也. 身意起身意, 痛痒意起痛痒意, 意意起意意, 法意起法意.

四意止謂意念惡, 制使不起, 是爲止也.

四意止亦隨四禪, 亦隨四意止. 隨四意止爲近道, 不著惡便善意生. 四禪爲四意定, 爲止意也.

行道有四因緣. 一止身. 二止痛痒. 三止意. 四止法. 止身者謂見色念不淨. 止痛痒者謂不自貢高. 止意者謂止不瞋恚. 止法者謂不疑道. 人行四意止, 意起念生, 卽時識對行藥. 得一意止便得四意止也.

四意定一者自觀身, 亦復觀他人身. 二者自觀痛痒, 亦復觀他人痛痒. 三者自觀心, 亦復觀他人心. 四者自觀法因緣, 亦復觀他人法因緣. 如是身, 一切觀內外因緣成敗之事, 當念我身亦當成敗如是, 是爲四意定也.

人欲止四意, 棄爲外, 攝爲內, 已攝意, 爲外棄爲內也.

觀他人身, 謂自觀身不離他, 便爲觀他人身. 苦觀他人身爲非. 痛痒·意法亦爾也. 自貪身當觀他人身, 念他人身便自觀身, 如是爲意止.

問, 意見行何以爲止?

報, 意以自觀身貪, 便使觀他人身, 爲意從貪轉故應止. 若意貪他人身, 當還自觀身也.

有時自身觀, 不觀他人身. 有時當觀他人身, 不當自觀身. 有時可自觀身, 亦可觀他人身. 有時不可自觀身, 亦不可觀他人身.

自觀身者, 爲校計觀他人身. 意不止須自念身爲著, 便轉著他人身. 觀他人身, 爲見色肥白, 黛眉赤脣. 見肥當念死人脹, 見白當念死人骨, 見眉黑當念死人正黑, 見朱脣當念血正赤. 校計身諸所有, 以得是意, 便轉不復愛身也.

觀有內外, 嫉恚疑當內觀. 貪婬當外觀. 貪當念非常敗, 婬當念對
所有惡露, 如自觀身婬, 當念四斷意也.

觀有兩輩. 一者觀外, 二者觀內. 觀身有三十六物, 一切有對皆屬
外觀. 無所有爲道, 是爲內觀也.

觀有三事. 一者觀身四色, 謂黑青赤白. 二者觀生死. 三者觀九
道. 觀白見黑爲不淨.

當前聞以學後得道. 未得道爲聞, 得別爲證, 得爲知也.

觀有四. 一者身觀, 二者意觀, 三者行觀, 四者道觀, 是爲四觀.
譬如人守物, 盜來便捨物視盜. 人已得觀便捨身觀物也.

觀有二事. 一者觀外諸所有色, 二者觀內謂無所有. 觀空已, 得四
禪. 觀空無所有, 有意無意無所有, 是爲空. 亦謂四棄, 得四禪也.

欲斷世間事, 當行四意止. 欲除四意止, 當行四意斷. 人墮貪, 貪
故, 行四神足飛. 但有五根, 無有五力, 不能制. 但有五力, 無有五
根, 不生得四神足. 尙轉五力, 能制上次十二品.

四意斷不作現在罪, 但畢故罪, 是爲四意斷也. 畢故不受新, 爲四
意止. 故畢新止爲四意斷. 故竟新斷爲四神足.

知足不復求守意, 意爲畢, 生爲新, 老爲故, 死爲身體壞敗, 爲盡也.

四意斷謂常念道, 善念生便惡念斷故, 爲斷息道. 善念止便惡念
生故爲不斷也.

四意斷者, 意自不欲向惡, 是爲斷, 亦謂不念罪斷也.

四神足. 一者身神足, 二者口神足, 三者意神足, 四者道神足. 念
飛, 念不欲滅, 不隨道也.

四伊提鉢, 四爲數, 伊提爲止, 鉢爲神足. 欲飛便飛, 有時精進坐七日便得, 或七日, 或七歲也.

得神足可久在世間, 不死有藥. 一者意不轉, 二者信, 三者念, 四者有諦, 五者有黠, 是爲神足藥也.

得四神足不久在世間, 有三因緣. 一者自厭其身臭惡故去, 二者無有人能從受經道故去, 三者恐怨惡人誹謗得罪故去也.

神足九輩, 謂乘車馬·步疾走, 亦爲神足. 外戒堅亦爲神足, 至誠亦爲神足, 忍辱亦爲神足也.

行神足, 當飛意.

問, 何爲飛意?

報, 有四因緣. 一者信, 二者精進, 三者定, 四者不轉意.

何等爲信? 信飛行.

何等爲精進? 飛行.

何等定? 飛行.

何等爲不轉意? 謂著飛行不轉意也.

身不欲行道, 意欲行便行. 神足如是, 意欲飛卽能飛也.

五根譬如種物, 堅乃生根, 不堅無有根.

信爲水雨, 不轉意爲力. 所見萬物爲根, 制意爲力也.

信根中有三陰. 一爲痛痒, 二爲思想, 三爲識陰.

定根中有一陰, 謂識陰也.

五根五力七覺意, 中有一陰者, 中有二陰者, 中有三陰者, 有四陰者皆有陰.

問, 是道行何緣有陰?

報, 以泥洹無陰, 餘皆有陰也.

七覺意上三覺屬口, 中三覺屬身, 下一覺屬意. 何等爲覺? 念念爲覺, 念念爲得, 覺得是意, 便隨道也.

外七覺意爲墮生死, 內七覺意爲隨道. 內七覺意者謂三十七品經. 外七覺意者謂萬物也.

覺者爲識事便隨覺意也. 有覺意便隨道. 覺有覺意墮罪, 覺三十七品經便正意, 是爲隨道. 覺善惡是爲墮罪也.

問, 何等爲從諦身意持?

報, 謂身持七戒, 意持三戒, 是爲身·意持也.

從諦意得休息, 從四諦意因緣休. 休者爲止息, 爲思得道, 爲受思也.

貪樂道法, 當行道爲愛覺意. 持道不失爲力覺意. 已得十息, 身安隱爲息覺意. 自知已安爲定覺意. 身意持意不走, 爲持.

從諦自在, 意在所行, 謂得四諦. 亦可念四意止, 亦可四意斷, 亦可四神足, 亦可五根五力七覺意八行, 是爲自在意在所行. 從諦觀者, 爲三十七品經要, 是爲守意. 覺者謂諦不復受罪也.

八行有內外. 身爲殺盜婬, 聲爲兩舌惡口妄言綺語, 意爲嫉妒癡, 是上頭三法爲十事在外, 五道在內也.

從諦守諦, 從爲神守爲護, 謂護法不犯罪. 諦爲道, 知非常苦空非身不淨爲直見. 非常人計爲常, 思苦爲樂, 空計爲有, 非身用作身, 不淨計爲淨, 是爲不直見也.

何等爲直見? 信本因緣, 知從宿命有. 是名爲直見.

何等爲直治? 分別思惟, 能到善意. 是爲直治.

何等爲直語? 守善言, 不犯法, 如應受言. 是名爲直語也.

何等爲直業? 身應行, 不犯行. 是名爲直業也.

何等爲直治? 隨得道者敎戒行. 是名爲直治也.

何等爲直精進? 行無爲, 晝夜不中止, 不捨方便. 是名爲直精進方
便也.

何等爲直念? 常向經戒, 是名爲直念.

何等爲直定? 意不惑, 亦不捨行. 是名爲直定.

如是行令賢者八業行具, 已行具足, 便行道也.

八直有治, 有行. 行八直乃得出要. 身不犯戒, 是爲直治. 慧信忍
辱是爲行. 身意持是名爲直治, 謂無所念爲直, 有所念爲不直也.

## 결론(流通分)

12부경은 모두 다 37품경(37도품)에 속한다. 비유하면 만 갈래의 하천이 사방으로 흘러 모두 대해大海에 들어가는 것과 같다. 37품경은 외적인 것이고, 사유(선정을 의미)는 내적인 것이다. 사유(선정)에서 도를 생기게 하기 때문에 내적인 것이다. 도를 수행하는 사람의 행도(行道: 불도를 수행하고 배움)는 37품경을 분별 사유하니, 그것이 바로 부처님께 예배하는 것이다.

　37품경은 또한 세간(세상)에도 상응하면서 또한 (출세간의) 도에도 상응한다. 경을 암송하고 입으로 설하면 그것은 세간적인 것이고, (도에 순응한) 의념意念이면 그것은 (출세간적인) 도에 상응함이다. 지계持戒는 몸을 통제하기 위해서고, 선禪은 산란한 마음을 (통제하기) 위해서이다. 행은 서원을 따라 하고, 서원도 또한 행을 따라 한다. 불도를 수행하고 배우는 바의(行道) 의념을 떠나지 않아 마음이 부처에 이르면 마음은 (불퇴전하여) 되돌아가지 않는 것이다.

　또한 차제에 따른 수행이 있어서 도를 얻고, 또한 차제에 따르지 않는 수행이 있어서 도를 얻는다. 이른바 4의지四意止·4의단四意斷·4신족四神足·5근·5력·7각의·8행(8정도)을 행하는 그것은 차제를 따름이지만, 세간(세상)을 두려워하고 몸을 싫어하면 바로 한 순간에 이에 따라 도를 얻으니, 이것은 차제를 따르지 않음이다.

　도를 수행하는 사람은 37품행의 의지를 얻을 수 있지만, 수식·상수·지止를 따르지 않을 수도 있다.

　몸과 입에 일곱 가지 일이 있고, 심心·의意·식識에 각각 열 가지 일이 있기 때문에 (총칭하여) 37품이다. 4의지·4의단·4신족은 외적인 것에 속하고, 5근·5력은 내적인 것에 속하고, 7각의·8행(8정도)은 도를 얻는 것이다.

열반에는 40종류가 있으니, 이른바 37품경(37도품) 및 3향三向[101]이다. 이 40가지 일은 모두 열반을 위해서이다.

물음: 수식은 열반을 위해서인가?

회답: 수식·상수는 코끝에다 계념하여 의념을 전념하고 집중하는 바가 있지만 열반을 위한 것은 아니다.

물음: 열반은 유위인가?

회답: 열반은 무위이지만 단지 고苦의 소멸이고, 일명 의진意盡이라고 한다.

힐책의 질문: 열반은 소멸이다.

회답: 다만 선악만 소멸했을 뿐이다.

지행知行이란 어떤 때는 4의지四意止를 행할 수 있고, 어떤 때는 4의단四意斷을 행할 수 있고, 어떤 때는 4신족四神足을 행할 수 있고, 어떤 때는 5근·5력·7각의·8행(8정도)을 행할 수 있다.

진리에 순응한 통찰력이란 정定과 산란을 아는 것이니, 정定은 지행知行이고, 산란은 지행이 아닌 것이다.

물음: 왜 정작 5근·5력·7각의·8행(8정도)만 있는가?

회답: 사람에게 5근이 있고 도에도 5근이 있고, 사람에게 5력이 있고 도에도 5력이 있고, 사람에게 7사七使[102]가 있고 도에도 7각의가

---

101 3향三向: ①예류향預流向, ②일래향一來向, ③불환향不還向이고, 이는 아라한의 경지에 도달하기 전의 수행단계이다.

있다. 수행에는 8직(八直: 8정도)이 있으니, 응당 도에 상응한 여덟 종류로 병에 따라 약을 말하니 인연에 상응한 것이다.

눈은 물질을 받아들이고, 귀는 소리를 듣고, 코는 냄새를 맡고, 입은 맛을 원하고, 몸은 매끄러운 감촉을 탐하는 그것이 5근이다. 어찌하여 근根이라 하는가? 이미 받아들였고 응당 다시 생기게 하기 때문에 근根이라고 한다. 물질·소리·냄새·맛·매끄러운 감촉을 받아들이지 않는 그것이 력力이다. 7사七使에 빠지지 않아 각의覺意이다. 이미 8직八直의 행이라면 응당 도의 수행이다. 5근은 의혹이 없는 견고한 마음이고, 5력은 변하지 않는 마음이고, 7각은 정의正意이고, 8행(8정도)은 직의直意인 것이다.

물음: 선의善意는 어떤 것인가? 도의道意는 어떤 것인가?

회답: 이른바 4의지·4의단·4신족·5근·5력이면 그것은 선의善意이다. 7각의·8행(8정도)이면 그것은 도의道意이다. 도의 선善이 있고, 세간의 선이 있다. 4의지에서 5근·5력에 이르기까지 그것은 도의 선이다. 사음하지 않고·양설(이중 말)하지 않고·악구(악담)하지 않고·망언(거짓말)하지 않고·기어(아첨의 말)하지 않고·탐심하지 않고·성내지 않고·어리석지 않다면 그것은 세간의 선이다.

제견諦見[103]이란, 만물은 (연기緣起에 의해 자성이 없는 무자성이라서 현상계에 잠시 존재하므로) 모두 응당 소멸하는 줄로 아니, 그것이

---

102 7사七使: 7수면七隨眠이라고도 한다. 즉 탐심(욕계와 색계·무색계의 2종류로 나뉨)·성냄·어리석음·거만함·의심·견해에다 색계와 무색계의 선정 및 의신依身을 탐내는 것을 포함하여 7사라 한다.

103 제견諦見: 8정도의 하나로, 정견正見의 고역古譯이다.

제견諦見이다. 만물은 (자성이 없기에 성주괴공의 순환에 의해) 파괴
되고 부서지고, (중생의) 몸은 응당 (태어났다면 필연적으로) 죽어야
하지만 근심할 필요가 없다. 그것이 제관諦觀이다. 마음이 잘못 흐르고
마음이 가면 바로 책망을 하고 억제를 하니, 그것이 죄를 없애는
것이다. 모든 악이 오면 받아들이지 않는 것이 선禪이다.

일심一心 속의 마음에는 12가지 일이 있으니, (눈·귀·코·혀·몸·마
음 등의 여섯 가지는) 지혜이고, 7은 수식이고, 8은 상수이고, 9는
지止이고, 10은 관觀이고, 11은 환還이고, 12는 정淨이다. 이것이
내적인 12가지 일이다. 외적으로 또 12가지 일이 있으니, 1은 눈이고,
2는 물질이고, 3은 귀이고, 4는 소리이고, 5는 코이고, 6은 냄새이고,
7은 입이고, 8은 맛이고, 9는 몸이고, 10은 매끄러운 감촉이고, 11은
마음이고, 12는 애욕(受欲)[104]이다. 이것이 외적인 12가지 일이다.

술사術闍[105]란 지智인데, 대략 세 가지 지智가 있다. 첫째 (숙명지로
서) 무수한 생애의 부모·형제·처자를 알고, 둘째 무수한 생애의
선악(黑白)과 장단점을 알며 타인이 마음속으로 생각한 바를 알고,
셋째 (삼)독은 끊는다. 이것이 세 가지이다.

사라沙羅[106]의 나태란 (일체지一切智를 얻고자 수행하지 않고 다만)
6통지(六通智: 6신통)만을 위하니, 첫째 신족이고, 둘째 능히 다 듣고,

---

104 원문은 "수욕受欲"으로 되어 있는데, 다른 장본藏本에선 "애욕愛欲"으로 표기하고
  있어 역자는 이를 택하여 애욕으로 번역하였다.
105 술사術闍: 빨리어 vijjā의 고대古代 음역으로, 명明·지智의 의미이다.
106 사라沙羅: 빨리어 sāmaṇera의 음역이고, 또한 범어 śrāmaṇera의 고역古譯으로,
  사미沙彌를 말한다.

셋째 타인의 마음을 알고, 넷째 본래 온 곳(어느 곳에서 와서 이 세상에 태어났는가)을 알고, 다섯째 어떤 곳에 왕생을 할지 알고, 여섯째 번뇌(索漏)를 알아 없앤다. 이것이 여섯 가지이다.

– 불설대안반수의경 권하 끝 –

十二部經都皆墮三十七品經中. 譬如萬川四流皆歸大海. 三十七品經爲外, 思惟爲內. 思惟生道, 故爲內. 道人行道, 分別三十七品經, 是爲拜佛也.

三十七品經亦墮世間, 亦墮道. 諷經口說, 是爲世間. 意念是爲應道. 持戒爲制身, 禪爲散意. 行從願, 願亦從行. 行道所向意不離, 意至佛, 意不還也.

亦有從次第行得道, 亦有不從次行得道. 謂行四意止·斷·神足·五根·五力·七覺意·八行, 是爲從次第, 畏世間·惡身, 便一念從是得道, 是爲不從次第.

道人能得三十七品行意, 可不順從數息相隨止也.

身口七事, 心意識各有十事, 故爲三十七品. 四意止·斷·神足屬外, 五根·五力屬內, 七覺意·八行得道也.

泥洹有四十輩, 謂三十七品經并三向. 凡四十事, 皆爲泥洹.

問, 數息爲泥洹非?

報, 數息相隨鼻頭止意, 有所著, 不爲泥洹.

泥洹爲有不?

報, 泥洹爲無有, 但爲苦滅, 一名意盡.

難, 泥洹爲滅

報, 但善惡滅耳.

知行者, 有時可行四意止, 有時可行四意斷, 有時可行四神足, 有時可行五根五力七覺意八行.

諦者, 爲知定亂, 定爲知行, 亂爲不知行也.

問, 何以故正有五根五力七覺意八行?

報, 人有五根, 道有五根, 人有五力, 道有五力, 人有七使, 道有七覺意. 行有八直, 應道八種. 隨病說藥, 因緣相應.

眼受色, 耳聞聲, 鼻向香, 口欲味, 身貪細滑, 是爲五根. 何以故名爲根? 已受當復生故, 名爲根. 不受色聲香味細滑是爲力. 不墮七使, 爲覺意. 已八直, 爲應道行. 五根堅意, 五力爲不轉意, 七覺爲正意, 八行爲直意也.

問, 何等爲善意? 何等爲道意?

報, 謂四意止·斷·神足·五根·五力, 是爲善意. 七覺意八行, 是爲道意. 有道善, 有世間善. 從四意止至五根·五力是爲道善. 不婬·兩舌·惡口·妄言·綺語·貪·瞋·癡是爲世間善.

諦見者. 知萬物皆當滅, 是爲諦見. 萬物壞敗, 身當死. 以不用爲憂. 是爲諦觀. 意横·意走, 便責對, 得制, 是爲除罪. 諸來惡不受爲禪.

一心內意十二事, 智慧, 七爲數, 八爲相隨, 九爲止, 十爲觀, 十一爲還, 十二爲淨. 是爲內十二事. 外復十二事, 一爲目, 二爲色, 三爲耳, 四爲聲, 五爲鼻, 六爲香, 七爲口, 八爲味, 九爲身, 十爲細滑, 十一爲意, 十二爲受欲. 是爲外十二事也.

術闍者爲智, 凡有三智. 一者知無數世父母兄弟妻子, 二者知無數世白黑長短, 知他人心中所念, 三者毒以斷. 是爲三也.

沙羅惰息者爲六通智, 一爲神足, 二爲徹聽, 三爲知他人意, 四爲知本所從來, 五爲知往生何所, 六爲知索漏盡. 是爲六也.

佛說大安般守意經 卷下 終

**부록**

# 안반수의에 의한 지관쌍수止觀雙修의
# 실수법實修法

이미 『안반수의경』에서 안반수의에 대한 함의含意를 전반적으로 살펴
보았지만, 역자는 독자의 이해를 좀 더 돕고자 안반수의 지관쌍수의
실수법實修法을 차제대로 간략히 설명하고자 한다.

　우선 『5문선경요용법五門禪經要用法』에 의하면 기본적인 선문禪門
으로 "첫째 안반安般이고, 둘째 부정不淨이고, 셋째 자심慈心이고,
넷째 관연觀緣이고, 다섯째 염불念佛이다."라고 하여, 이 다섯 가지
선법禪法의 문을 설하고 있다. 이 다섯 가지 선문禪門은 일체 모든
선禪을 통섭하고 일체 모든 무루無漏를 일으키므로 이를 내선內善이라
고 한다.

　첫 번째 선문禪門으로 안반은 우리가 이미 살펴본 일명 수식관數息觀
또는 조식관調息觀이라고도 하는 안반법安般法으로, 산란한 마음을
없애 선정에 들게 하는 방법이며, 도에 들어가게 하는 첫 문이다.

두 번째 선문으로 부정관不淨觀은 지혜를 사용하여 자신의 몸은 물론
이고 일체를 모두 더럽다고 관상觀想하는 방법으로 일체 탐욕을 떨치
게 하는 방법이다. 세 번째 선문으로 자비관은 친인만이 아니라 원수까
지도 자비와 사랑으로 대하여 자신의 성냄을 없애는 방법이다. 네
번째 선문으로 관연觀緣은 일명 인연관因緣觀 또는 사유관思惟觀이라
고도 한다. 이는 지地·수水·화火·풍風·공空·식識의 6계(六界, 六大:
우주만물의 여섯 가지 구성 원소)를 관하여 일체의 모든 우주만물은
모두 자성이 없는 무자성無自性이라서 연기緣起의 인연에 의해 잠시
존재하며 무상無常하여 영원한 존재가 아니라는 것을 깨닫고 자신의
아집을 버리게 하는 방법이다. 이는 또한 어떤 선문의 수행이든 그
수행에 앞서 반드시 갖추어야 할 필수조건이기도 하다. 즉 마음의
본질 및 제법실상(諸法實相: 현상계의 모든 존재의 본성)에 대한 이해나
연기의 인연법에 대한 인식의 기초가 없다면 진정한 선정을 닦을
수 없다는 것이다. 다시 말하면 어떠한 선정도 우선 정견正見을 기초로
한다는 것이다. 다섯 번째 선문으로 염불관念佛觀은 부처님의 32상
80종호로 장엄한 상을 관상觀想 또는 염상念想을 하거나 혹은 칭명염
불稱名念佛에 전념하여 그 밖의 다른 잡생각을 모두 없앨 뿐만 아니라
죄업까지도 소멸하며 열반에 들어가게 하는 방법이다.

　이상과 같이 이 다섯 가지 선문禪門으로 중생들의 병에 따라 처방을
하니, 만약 마음이 매우 산란한 자이면 안반법(수식관)으로 가르치고,
만약 탐욕이 많은 자이면 부정관으로 가르치고, 만약 성냄이 많은
자이면 자비관으로 가르치고, 만약 집착하는 마음이 많은 자이면
인연관(사유관)으로 가르치고, 만약 마음이 침몰한 자이면 염불관으

로 가르치라고 석가모니부처님께서 설하셨다.

사실 안반수의, 즉 수식관數息觀은 소승 선禪으로 알려져 있지만, 대·소승 선禪을 막론하고 안반수의(수식관)가 중요한 것은 일체 모든 선정이나 삼매의 가장 기본적인 조건이 바로 호흡을 할 때 들어오고 나가는 기식氣息에 있기 때문이다. 또한 인간의 생生과 사死는 모두 호흡지간에 있으므로 생존에 있어서도 호흡을 벗어날 수 없기 때문이고, 선정에 있어서도 기본적으로 호흡조절이 매우 중요하기 때문이다. 그러므로 선禪 수행자가 어떠한 선법으로 수행을 하든 우선 입식(들숨)의 호흡과 출식(날숨)의 호흡을 제대로 조절하지 못한다면 그 어떠한 선禪의 경지에도 도달할 수 없는 것이다.

그렇다면 안반수의의 실수방법實修方法을 좀 더 차제대로 살펴보겠다.

우선 초보자를 위하여 안반수의의 입정(入定: 선정에 들어갈 때)과 출정(出定: 선정을 마치고 나올 때)의 방법에 대해 알아보겠다. 이는 일반적인 좌선의 방법과 일맥상통하므로『석선바라밀』에서 그 방법을 살펴보자.

입정을 할 때 먼저 몸을 편안하게 해야 하므로 옷은 몸을 편안하게 하는 옷으로 입는다. 그런 다음 반가부좌를 하거나 결가부좌를 개인의 상황에 따라 선택한다. 만약 반가부좌를 할 경우 먼저 책상다리로 앉은 다음 왼쪽 다리를 오른쪽 넓적다리 위에 올려놓는데, 몸 안쪽으로 당겨놓는다. 즉 왼쪽 발가락을 오른쪽 허벅지와 일치하게 올려놓는 것이다. 또는 반대로 오른쪽 발가락을 왼쪽 허벅지와 일치하게 올려놓기도 한다. 이 둘 중 하나를 선택하면 된다. 만약 결가부좌를 할 경우 양다리를 위아래로 교차하여 앉는데, 오른쪽 다리를 왼쪽 다리의 허벅지 위에 올려놓고 왼쪽 다리를 오른쪽 허벅지의 위에 올려놓을 경우 이를 항마좌 또는 금강좌라고 한다. 또는 이와 반대로 먼저 왼쪽 다리를 오른쪽 허벅지 위에 올려놓고 오른쪽 다리와 서로 교차하는 경우는 길상좌 또는 연화좌라고 한다.

그리고 자세를 바르게 하고 반가부좌를 하거나 결가부좌를 한 다음 손을 편안하게 놓아야 하는데, 왼손바닥을 오른손바닥 위에 올려 겹쳐지도록 놓고 양손의 엄지끼리 서로 맞닿게 하고 몸 안쪽으로 닿게 한다. 그 다음은 엉덩이와 척추가 90° 각도로 바르게 척추를 세우고, 앉은 상태로 머리와 목을 바르게 세워 코와 배꼽과 일치선이 되게 하고, 45° 각도의 정면 아래로 눈을 그대로 내려서 앞을 본다. 그 다음, 어깨에 들어간 힘을 빼고 좌우로 여섯·일곱 번 흔들어 몸을 이완시킨다.

그 다음, 입을 벌려 몸속에 있던 탁한 기氣를 토해내면 모든 맥脈 중에 통하지 않던 곳에 있던 기들이 모두 따라 나오게 되어 몸속은 청정한 기로 교체되는데, 기를 토해낼 때는 급하게 하지 말고 깊고 길게 천천히 기를 내뱉되, 몸속의 모든 맥 가운데 막혀 있던 기들도 함께 따라 나온다고 생각을 하면서 내뱉는다. 그 다음, 입을 다물고 코로 깨끗한 기를 들이마신다. 이와 같이 탁한 기를 내뱉고 청정한 기를 들이마시고를 세 번에서 많게는 다섯·여섯 번 정도 반복한다. 만약에 몸과 마음이 모두 조절이 되었다면 단 한 번으로도 가능하다. 그 다음, 입술과 치아는 위아래가 서로 맞물리게 닫고 혀를 입천장 위에다 갖다 댄다. 그 다음, 눈을 가볍게 반쯤 열린 상태로 닫고 외부의 빛을 차단한다. 이와 같은 차제의 방법이 처음 안반수의를 하고자 앉을 때 하는 입정의 방법이다.

출정은 안반수의를 다 마치고 난 다음 일어나는 방법이다. 먼저 입을 벌려 안반수의의 선정 중 체내에 머물렀던 기氣가 모든 맥으로부터 나온다고 생각하면서 내뱉고, 몸을 가볍게 좌우로 흔들고 목과 머리를 위아래로 두세 번 정도 젖혀 이완시킨다. 그 다음은 양다리를 쭉 펴고 양발을 서로 부딪치게 두세 번 정도 흔들어 몸의 긴장을 풀고 유연하게 해준다. 그 다음, 양손을 여러 번 서로 비벼서 따뜻하게 하여 모든 모공을 쓸어내리듯이 마사지를 해준다. 그 다음, 다시 양손을 여러 번 서로 비벼서 따뜻하게 하여 반쯤 열린 상태의 눈에다 살짝 갖다 대고 가볍게 눌러 지압을 해주고 눈을 뜬다. 그리고 가볍게 천천히 일어나면 된다.

만약 이와 같은 출정의 방법을 하지 않을 경우 선정을 하는 중에 머물렀던 미세한 식심息心이 남아 있게 되고, 나오면서 머리를 압박하거나 몸에 머물면서 두통을 일으키고 상기병을 유발하기도 한다. 또는 그 이후로 다시 앉아서 선정공부 하기를 싫어하는 마음이 생겨 다시 안 하는 경우도 있다. 그러므로 어떠한 선정의 수법修法이든 앉아서 선정을 할 경우 반드시 호흡(息)과 마음과 몸, 이 세 가지를 기본적으로 잘 조절해야 한다.

그럼 안반수의란 무엇인가? 안반수의는 범어로 아나빠나(阿那波那, ānāpāna)라고 하는데, 아나(阿那, āna)는 입식(入息, 들숨)이고 아빠나(阿波那, apāna)는 출식(出息, 날숨)이니 바로 입출식념入出息念을 뜻한다. 『구사론』 권22에 의하면 "아나(阿那, āna)라고 말한 것은 들어오는 호흡을 지니는 것을 말하니, 그것은 외부의 바람을 끌어들여 몸 안으로 들어가게 한다는 의미이다. 아빠나(阿波那, apāna)란 나가는 호흡을 지니는 것을 말하니, 그것은 몸 안의 바람을 끌어내어 몸 밖으로 나가게 한다는 의미이다."라고 하였다. 다시 말해 이 안반수의는 우선 마음을 호흡에다 묶어 관조觀照의 대상으로 삼고 마음을 섭심攝心하여 선정에 도달하게 하는 수법修法이므로 호흡을 세는 것에서부터 시작을 한다. 즉 먼저 안반수의 좌선을 할 때 마음을 호흡에다 묶고 들숨과 날숨 호흡의 차례의 숫자, 즉 1에서 10까지의 숫자를 하나의 단위로 묶어 헤아리면서 호흡과 숫자를 한곳에다 집중시켜 몸과 마음이 동시에 하나의 경계에 머무르게 하는 선법禪法이다.

이 안반수의를 할 때 호흡의 시작은 두 종류의 방식으로 행한다. ①먼저 입식(들숨)을 하고 난 후에 출식(날숨)을 하기도 하고, ②먼저 출식(날숨)을 하고 난 후에 입식(들숨)을 하기도 한다. 둘 중 어느 것을 선택하든 무방하다. 그리고 안반수의는 편안하게 앉아서 호흡을 조절하는 방법이다. 다만 이 방법에서는 네 가지 방식을 겸한다. 첫째는 수數이다. 이는 숫자를 1에서 10까지 왔다 갔다 반복하면서 세는 것으로, 자신의 호흡에다 숫자를 붙여 전념하면서 세면 외적으로는 주변의 소란을 피하고, 내적으로는 마음을 안정시켜 한곳에다 집중시키고 전념하게 하는 방식이다. 둘째는 수隨이다. 이는 코의 날숨 들숨의 기식氣息에다 마음을 따르게 하는 방법이다. 즉 마음과 호흡은 함께 동행하기 때문에 호흡의 들숨 날숨을 마음이 전념하여 따르면서 마음을 산란하지 않게 하는 방식이다. 셋째는 지止이다.

이는 코에서의 호흡 현상이 어느 곳에서 멈추는지를 살펴보는 방식이다. 즉 호흡을 따라 숨이 체내에 들어가고 나가고 할 때 코끝에서 의념이 부동이게 하여 어떤 외부의 혼란도 받지 않게 하니 이를 지止라고 한다. 넷째는 관觀이다. 이는 자신의 마음 또는 의념이 객관적인 입장으로서 기식氣息의 움직이는 동태만 살필 뿐 아니라, 온몸을 관하여 몸의 더러움과 공함을 관하는 방법이다.

다음으로 호흡을 따라 숫자를 세는 마음에는 두 가지 작용이 있다. 즉 추념麤念의 작용과 세념細念의 작용이다. 추념의 작용이란 번뇌가 일어나는 분산되고 산란한 마음을 말하고, 세념이란 번뇌의 산란함이 없는 마음이다. 그리고 숫자를 셀 수 있는 마음은 바로 세념의 마음이다. 이 세념의 마음이 바로 호흡을 대상으로 섭심하여 숫자 1에서 10까지 세는 동안 마음을 분산하지 않아 이를 수식관隨息觀이라고 한다. 만약 숫자를 10까지 세지 못하고 문득 산란한 잡생각이 떠오른다면 이를 숫자의 감소라고 한다. 반대로 산란한 생각으로 숫자 10을 지나쳐 11이나 12 등에 이른다면 이는 숫자의 증가라고 한다. 이처럼 증감의 숫자를 세는 마음일 때는 선정의 도를 얻을 수 없다.

호흡의 숫자를 셀 때는 1에서 10까지를 하나의 단위로 묶어서 세면서 또한 마음이나 의념을 한곳에다 집중을 하니, 가령 코끝(콧등)이나 중단전(가슴부분) 또는 하단전(배꼽아래 한 치쯤)이나 발가락에다 의념(마음)을 두고 숫자를 센다.

또한 호흡의 숫자를 세는 방식에는 두 가지가 있다. ①숫자 1에서 시작하여 10에까지 이르고 나면, 다시 1에서 시작하여 10에까지 이르기를 반복하여 호흡의 숫자를 센다. ②숫자 1에서 시작하여 10에까지 이르고 나면, 역으로 10에서 시작하여 9·8·7·6······1에까지 이르고, 다시 1에서 시작하여 2·3·4······10에까지 이르고 이와 같이 반복하여 호흡의 숫자를 센다. 여기서 두 번째 방법은 중국 동진東晉 시대의 불교학자인 도안道安 스님이 제창한 방식이다. 이상과 같이 호흡의 숫자를 세어 산란하던 상념想念을 없애게 하니, 이것이 정정正定[107]의 수행법에 들어가게 하는 차제이다.

그리고 호흡의 숫자를 셀 때 수반하는 네 가지 차별 현상이 있다. ① 풍風이고, ② 기氣이고, ③ 천喘이고, ④ 식息이다. 앞의 세 가지 현상은 호흡의 조절이 잘 안 된 상이라서 좌선에 적합하지 않고, 뒤의 한 가지는 안정하게 조절이 잘된 상이라서 좌선에 적합하다. 즉 안반수의를 하고자 앉아서 처음 숫자를 셀 때 코로 들어오고 나가는 호흡의 소리가 있으면서 생각이 분산된다면 풍風이라 하고, 숫자를 셀 때 비록 호흡의 소리가 없고 막힘이 없다 해도 들어오고 나가는 호흡이 미세하지 않다면 기氣라고 하고, 숫자를 셀 때 호흡의 소리가 비록 없다 해도 호흡의 출입이 부진하면 천喘이라 하고, 호흡의 소리도 없고 번뇌도 없고 호흡의 출입이 자연스럽게 이어지면 식息이라고 한다. 그러므로 중요한 것은 선정에 있어서 호흡의 입식(들숨)과 출식(날숨)이 우선 잘 조절이 되어야만 자연히 기가 단전에 모여지고, 홀연히 번뇌가 일어나거나 잡생각이 생기지 않고 그 마음을 쉽게 입정에 들게 하는 것이다.

---

107 정정正定: 범어 samyak-samādhi의 의역으로 정확한 명상법瞑想法을 일컫는다. 즉 산란한 여러 가지 생각들을 떨쳐버리고 몸과 마음을 안정하게 하며 진공眞空의 이치에 머무르게 하는 수행법이다.

또한 호흡에는 짧은 호흡과 긴 호흡이 있다. 그리고 호흡과 마음의 작용은 밀접한 상관관계가 있다. 예를 들면 마음이 다급하거나 놀라거나 두렵거나 분노할 때는 호흡이 급박해지면서 저절로 풍風이나 천喘 또는 기氣의 현상이 나타지만, 근심걱정이 없는 고요한 평상심이거나 기쁘거나 좋거나 평온할 때는 기식氣息이 원만하여 식息의 현상이 나타나는 것이다. 그러므로 안반수의 좌선을 처음 시작할 때는 그 기식이 불안정하여 호흡이 급박하니 이를 짧은 호흡이라 하고, 입정에 들어 오랫동안 고요적정하다 보면 호흡이 안정되고 마음도 평온해지니 이를 긴 호흡이라고 한다. 이와 같이 입정의 입출식(들숨 날숨)을 할 때 먼저는 짧은 호흡이다가 나중에는 긴 호흡으로 들어간다. 결국 호흡조절이 우선 되어야만 마음의 작용(정신작용)도 함께 안정되므로 기식氣息의 조절은 모든 선정에 있어서 매우 중요한 것이다. 즉 선법禪法에 있어서 호흡이 먼저 조절되어야만 마음도 쉽게 조절할 수 있으며, 그 다음이 몸의 조절이다. 호흡·마음·몸, 이 세 가지 요소는 안반수의뿐만 아니라 모든 수선修禪에 있어서 반드시 조절해야 하는 기본조건이다. 이른바 정실靜室에 앉아 기식을 조절하고 마음을 섭심하면 온몸에 기식의 출입이 자유롭고 편재하니, 마치 허공중의 바람처럼 자성은 소유하는 바가 없게 된다. 이를 수식관, 즉 안반수의라고 한다.

다음은 지관쌍수의 중요성에 대한 것이다. 『보리도차제광론』 제14권에 의하면 "대·소 2승二乘의 세간·출세간의 일체공덕은 모두 지관의 결과이다. 『해심밀경』에서 말하는 것처럼 가령 성문이든 보살이든 모든 여래든, 세간 및 출세간의 모든 일체선법은 응당 모두 이 사마타

(śamatha)와 위빠사나(vipaśyanā)에서 얻은 결과이다. …… 때문에 밀의密意에서도 3승三乘의 모든 일체공덕은 모두 지관의 결과라고 설하였다.'라고 하여 지관쌍수를 필수조건으로 설하고 있다. 왜냐하면 우선 산란한 마음을 하나의 경계에다 집중시켜 내심을 안주시켜야만 마음에 산란함이 없고 분별이 없는 정定에 들 수 있기 때문이니, 이를 지止 또는 사마타(śamatha)라고 한다. 이러한 지력止力으로 인해 모든 분별의 바람을 멈추고 부동의 마음이 되기 때문이다. 또한 지止로 인한 마음의 정주심定住心에서 선법善法을 잘 통찰하니, 이를 관觀 또는 위빠사나(vipaśyanā)라고 한다. 이러한 관력觀力으로 인해 일체 모든 악견惡見의 그물을 끊고 무아無我의 정견正見과 무아의 혜慧를 얻기 때문이다. 그리고 생사의 근본을 끊고자 한다면 반드시 무아의 혜를 얻어야 하기 때문에 지관쌍수가 근본수행이 되는 것이다.

범부인 우리들의 평상시 마음은 바깥경계의 대상에 이끌려 산란한 마음이며, 이 산란한 마음으로 인해 번뇌 속에 머물고 있는 것이 보통 우리들이 말하는 내 마음인 것이다. 비록 기나긴 시간 동안 염송이나 염불이나 고행 등을 행했더라도 산란한 마음으로 행하였다면 그것은 아무런 의미도 이로움도 없다고 부처님께서 설하셨다. 그러므로 망심妄心을 일으키지 않는 것이 선정 중에 제일이고, 일체 상相을 취하지도 집착하지도 않는 것이 지혜 중에 제일인 것이다. 그래서 모든 선사들은 일체 시중時中에 마땅히 지관을 수행하라고 하셨다.

이러한 지관쌍수와 관련해 안반수의(수식관)에서는 중요한 여섯 가지 묘문妙門이 있다. ①수식문數息門이고, ②상수문相隨門이고,

③지문止門이고, ④관문觀門이고, ⑤환문還門이고, ⑥정문淨門이다. 첫 번째 수식문에서 세 번째 지문까지는 지止에 속하고, 네 번째 관문에서 여섯 번째 정문까지는 관觀에 속한다. 이것이 안반수의(수식관)를 통한 지관쌍수止觀雙修의 방법이다. 이 지관쌍수를 바꿔 말하면 정혜쌍수이다. 즉 첫 번째 수식문에서 세 번째 지문까지는 정定의 방편에 속하고, 네 번째 관문에서 여섯 번째 정문까지는 혜의 방편에 속하기 때문이다.

첫 번째 수식문數息門을 하는 이유는, 마음과 호흡은 서로 의지하기 때문에 움직이면 함께 움직이고 머무르면 함께 머무르니, 마음은 호흡을 따라 움직이기 때문이다. 그렇기 때문에 먼저 호흡의 숫자를 세면서 마음이 수순隨順해지면 잡식雜息의 마음은 따라서 멈추는 것이니, 수식의 목적은 바로 망상을 없애는 것이다. 왜냐하면 범부들의 한 생각에는 8만4천 가지의 번뇌를 갖고 있기 때문이다. 바로 수식은 탐음貪婬의 약이 되어 마음을 산란하지 못하게 한다. 그러므로 처음 입정에 있어서는 호흡이 급박하거나 고르지 못하고 불안정하기 때문에 많은 잡생각과 산란한 마음이 문득문득 홀연히 일어나니, 숫자 1에서 10에 이르기까지 들숨 날숨의 호흡을 세면서 마음을 전념하면 산란하던 마음이 멈추게 되는 것이다. 이것이 입정에 들게 하는 묘법이다.

두 번째 상수문相隨門을 하는 이유는, 마음과 기식氣息은 서로 상관 관계이고 서로 떨어질 수 없기 때문에 호흡이 입식(들숨)일 때는 온몸에 들어오고 출식(날숨)일 때는 온몸을 벗어나가니, 마음이 호흡의 입식일 때 들어온 줄 알고 출식일 때 나간 줄 알고, 출입식이 길고 짧고 긴박하고 느슨하고 하는 등을 마음은 모두 알기 때문이다. 그래서 모든 선정에 있어서 호흡이든 마음(의념)이든 그것을 염念하되 무념無念(무분별심)을 잃지 않는 것이다. 이것이 선정을 닦게 하는 묘법이다.

세 번째 지문止門을 하는 이유는, 코끝에다 마음의 의념을 멈추고 호흡을 관하면 마음으로 일어나는 잡생각의 파동들을 멈추게 할 수 있기 때문이다. 이것이 깊이 선정에 들게 하는 묘문이다.

네 번째 관문觀門을 하는 이유는, 지문에서 아직 혜를 일으키지 못하여 모든 선정에 있어서 무명의 마음이 붙어 있으니, 마음을 분명히 관함으로써 5음 등의 전도된 경계를 확실히 알도록 하기 위함이다. 이것이 선정의 혜를 일으키는 묘문이다.

다섯 번째 환문還門을 하는 이유는, 마음을 관조하여 5음으로 되돌아가지 않도록 정지正智로 되돌리기 위함이다. 이것이 4념처四念處에서 열반에 이르기까지 혜를 닦게 하는 묘문이다.

여섯 번째 정문淨門을 하는 이유는, 일체 번뇌를 끊고 성과聖果를 증득하게 함이니, 이것이 삼계의 번뇌를 끊고 불도를 증득하게 하는 혜의 묘문인 것이다.

이와 같은 여섯 가지 묘문妙門의 중요성에 대해『석선바라밀』에서 이르길 "여섯 가지 묘문妙門은 마땅히 마하연(대승)인 줄 알아야 한다. 또한 삼세의 모든 부처님께서도 먼저 이 육문六門을 근본으로 하여 도에 들어갔던 첫 문인 것이다. 예컨대 석가모니부처님께서 처음 보리수에서 이르신 경지도 바로 내적인 사유로 안반(아나빠나)을 한 것이니, 첫째 수數(수식)이고, 둘째 수隨(상수)이고, 셋째 지이고,

넷째 관이고, 다섯째 환이고, 여섯째 정이다. …… 이로써 일체 법문을 증득하여 항마를 하시고 성도를 하셨다. 보살은 마땅히 여섯 가지 묘문에 잘 들어가야만 바로 일체 불법佛法을 갖출 수 있는 줄 알아야 한다. 그렇기 때문에 여섯 가지 묘문은 곧 보살의 마하연(대승)이다." 라고 강조하였다.

또한 이 여섯 가지 묘문으로 37조도품을 닦게 하고 있다. 즉 수식數息은 4의지四意止이고, 상수는 4의단四意斷이고, 지止는 4신족념四神足念이고, 관觀은 5근五根·5력五力이고, 환還은 7각의七覺意이고, 정淨은 8행八行(8정도)이다.

그리고 안반수의(수식관)를 닦아야 하는 중요한 이유를 『증일아함경·안반품』 권제7에서도 살펴볼 수 있다.

"어느 날 부처님께서 라후라 존자에게 '너는 마땅히 안반의 법을 닦아야 하니, 이 법을 수행해야만 모든 근심걱정의 생각을 모두 없앨 수 있다. 너는 지금 또 마땅히 더러움의 부정상(不淨想·부정관不淨觀)을 수행해야만 모든 탐욕을 없애니, 마땅히 멸해 없애야 한다. 라후라야! 너는 지금 마땅히 자심(慈心: 중생에게 즐거움을 주는 마음)을 수행해야만 한다. 이미 자심을 행하였다면 모든 성냄은 모두 없어져야 한다. 라후라야! 너는 지금 마땅히 비심(悲心: 중생의 고뇌를 없애주는 마음)을 행해야 한다. 이미 비심을 행하였다면 모든 해치려는 마음은 모두 다 없어져야 한다는 것을 알 것이다. 라후라야! 너는 지금 마땅히 희심(喜心: 남의 즐거움을 따라서 기뻐해주는 마음)을 행해야 한다. 이미 희심을 행하였다면 모든 질투심은 모두 없어져야 한다. 라후라야! 너는 지금 마땅히 호심(護心: 내심의 평정平靜을 유지하고 편견을 고집하지 않는 마음)을 해야 한다.'라고 말씀하셨다. ……

  그때 세존께서 이런 가르침을 받들도록 명하시고 바로 가셨으니,
(라후라 존자는) 다시 정실靜室로 가서 (세존께) 가르침을 청해야만
하였다. 이때 라후라 존자는 다시 '지금 어떻게 안반을 닦아야만
근심걱정을 없앨 수 있고 모든 생각이 없을까'라고 생각하였다. 그때
라후라 존자는 자리에서 일어나 부처님의 처소로 가 부처님께 '어떻게
안반을 수행해야만 근심걱정이 없고 모든 생각이 없고 대과보를 획득
하고 감로미를 얻습니까?'라고 여쭈었다. 부처님께서는 '라후라야!
이와 같다. 만약 비구가 한가롭고 고요하며 사람이 없는 곳(홀로
수행하는 적정한 아란야처)을 좋아한다면 바로 몸을 바르게 하고, 마음
을 바르게 하고, 결가부좌를 하고 다른 잡생각을 없게 하고, 마음을
코끝에다 집중해야만 출식(날숨)이 길면 출식이 긴 줄 알고, 입식(들
숨)이 길면 또한 입식이 긴 줄 안다. 출식이 짧으면 또한 출식이
짧은 줄 알고, 입식이 짧으면 또한 입식이 짧은 줄 안다. 출식이
찬 기운이면 또한 출식이 찬 기운인 줄 알고, 입식이 찬 기운이면
또한 입식이 찬 기운인 줄 안다. 출식이 따뜻한 기운이면 또한 출식이
따뜻한 기운인 줄 알고, 입식이 따뜻한 기운이면 또한 입식이 따뜻한
기운인 줄 안다. 신체의 입식과 출식을 완전히 관觀하면 모두 이런
줄 알 수 있다. 어떤 때 들숨 날숨의 호흡이 있다면 역시 또 있는
줄 알고, 어떤 때 들숨 날숨의 호흡이 없다면 역시 또 없는 줄 안다.
만약 들숨 날숨의 호흡이 마음을 따라 나온다면 역시 또 마음을 따라
나온 줄 알고, 만약 들숨 날숨의 호흡이 마음을 따라 들어간다면
역시 또 마음을 따라 들어간 줄 안다. 라후라야! 이와 같이 안반을

수행하는 자는 즉 근심걱정의 산란한 생각이 없고 대과보를 획득하고 감로미를 얻는다.'라고 말씀하셨다."

이상 살펴본 대로 안반수의법은 호흡을 수선修禪의 대상으로 삼아 마음을 섭심하여 선정의 경지에 도달하게 하는 가장 기본적인 선정방법이기 때문에 중요한 것이다. 강승회康僧會[108] 스님은 선禪에 대해서 "선이란 버리는 것이니, 13억 번이나 일으킨 번뇌의 생각을 버리는 것(禪棄也棄十三億穢念之意)이다."라고 정의하였다. 13억 번이나 일으킨 마음의 생각이란 인간의 마음이 손가락을 퉁기는 찰나에 960번을 회전하여 하루 낮 하루 밤 동안에 일으킨 모든 생각들이라고 한다. 만약 스스로 고요적정하고 한가로운 곳에서 안반법을 수행한다면 우선 먼저 자신의 호흡을 관찰하여 기식의 출입을 알고, 마음을 한곳에 집중하여 주의력을 상승시키는 효과와 심신을 정화淨化하는 실수實修의 과정을 행해야 한다. 이처럼 호흡을 통해 심념心念의 번뇌를 없애고 내심의 관조력觀照力을 얻어 성과聖果와 감로미를 얻는 것을 목적으로 하는 수행이 바로 안반수의법이다.

또한 석가모니부처님 당신께서도 손수 90일씩 여러 번 안반수의 수행을 통해 4념처四念處 및 37도품에 들어가 4선의 경지와 열반에

---

108 강승회康僧會: 중국 삼국(위魏·촉蜀·오吳) 시대의 역경승譯經僧으로 삼장에 능통했다. 그의 선대는 인도에서 살았는데, 그의 부친이 상업을 하면서 월남 북부에 이주하여 살았다고 한다. 10여 세에 출가했고, 중국의 남방에 와서 전법을 할 때 범패와 경전을 전했다. 특히 안세고 스님의 선법을 강조했으며 또한 역경에 종사했다. 그의 주요 역경譯經에는 『오품경吳品經』 5권·『잡비유경』 2권·『6도집경六度集經』 9권·『안반수의주해安般守意註解』·『법경法鏡』·『도수경道樹經』 등이 있다.

들어갈 수 있었다고 역설하셨다. 강승회 스님도 역시 그의 『안반수의
경서安般守意經序』에서 "안반이란 모든 부처님의 대승大乘인 것이니,
중생들의 표류를 구제하는 것이다. …… 행이 고요적정하면 마음을
집중하여 호흡의 숨을 1에서 10에 이르도록 세고 10에까지 숫자를
틀리지 않으니, 마음의 선정이 그곳에 있다."라고 하였다. 그리고
또 "소정小定은 3일이고 대정大定은 7일이며, 고요적정하고 다른 생각
이 없이 안정하고 무위한 것(泊然)이 마치 죽은 것과 같다. 이를
초선(一禪)이라고 한다."라고 설명하였다. 이와 같이 처음은 수식數息
으로 시작하여 초선初禪의 단계에 들어가고, 더 나아가 상수相隨로
제2선二禪의 단계에 들어가고, 지止로 제3선三禪의 단계에 들어가고,
관觀으로 제4선四禪의 단계에 들어가 선관禪觀의 수습단계가 완성되
는 것을 설명하였다.

또한 『석선바라밀』에서도 이 안반수의 수선방법에 대해 "아나빠나
(안반)가 바로 삼세의 모든 부처님을 도에 들어가게 한 첫 문이다."라고
하였고, 또 "부처님께서 감로문甘露門을 일러 아나빠나(안반)라고
하셨으니, 모든 법문 중에 제일가는 안온한 도이다."라고도 하였다.
역자도 역시 이처럼 안반수의의 수선방법修禪方法은 소승선小乘禪이
라고 한정짓기보다는, 대·소승의 선정禪定을 막론하고 일체 모든
선정수행의 기본조건이면서도 필수조건이고 지관쌍수의 실수법實修
法이라 확신하기에 이 점을 강조하는 것이다.

# 도지경

인도 삼장 승가라찰僧伽羅刹 著
후한 안식국 삼장 안세고 漢譯
석법성 譯註

● 해제

『도지경道地經』(권1)은 신수대장경 제15책에 수록되어 있다. 원래는
인도의 승가라찰(僧伽羅刹, Saṃgharakṣa, 생년미상) 스님, 한역 법명
으로는 중호衆護 스님이 쓰셨는데, 범어본『수행도지경修行道地經』
7권이다. 이 경전의 이역본異譯本으로 약 2세기경인 중국 후한 때
안세고安世高 스님이 번역한『도지경』권1이 있는데 바로 본 경전이다.
그리고 약 3~4세기경인 서진西晉 때 중국 장안에 온 축법호
(Dharmarakṣa) 스님이『수행도지경』을 번역하여 현재 7권이 신수대
장경의 제15책에 역시 수록되어 있다.

안세고 스님이 번역한 본『도지경』권1은 승가라찰 스님이 쓴
범어본『수행도지경』7권의 전全 30품 중에서 몇 가지 품을 간추려서
요약한 내용이다. 본 경전의 내용구성은,『안반수의경』과 마찬가지로
명칭은 경(sūtra)이지만 그 내용의 체계는 논(śāstra)의 형식을 띠고
있다. 또한 안세고 스님의『안반수의경』및『음지입경陰持入經』,『선
행법상경禪行法想經』과 마찬가지로 지·관觀 등 선禪의 수지법문修持
法門이 내용의 요지이다.

본 경명經名에서 '도지道地'란 수행의 단계·차제를 뜻한다. 본 경전
의 중요한 내용은 유가(yoga) 관행觀行의 대요大要를 7장으로 간략히
구분하여 설하고 있는 점이다. 제1장은 수행으로 도를 행한다는 의미

로 산종散種이라고 하였고, 제2장은 수행의 차제(道地) 행에서 5음의 근본을 아는 지혜를 간략히 말하였고, 제3장은 수행의 차제 행에서 5음의 상이 각각 상응하는 것을 설명하였고, 제4장은 수행의 차제 행에서 5음의 분별현상을 멈추는 것을 말하였고, 제5장은 수행의 차제 행에서 5음의 성패成敗를 분석하여 말하고 있는데, 특히 윤회전 생輪廻轉生의 태생에서 5음의 성패와 연관 지어 태내에서 약 9개월간 태아로서의 성장과정을 상세히 설명하고 있는 게 매우 놀랍다. 제6장은 수행의 차제 행에서 신족행ㅡ지·관을 간략히 분류해 서술하였고, 제7장은 수행의 차제 행에서 출입식出入息으로 정定에 들려면 우선 몸에 대해 바르게 알고 관해야 하는 55관五十五觀을 설명하고 있는 것이 그 특색이다.

# 제1장 산종散種

(부처님은) 지혜가 출중하시어 마치 태양이 (이른 아침에 찬란하게) 나온 모습과도 같고 또한 안색도 행도 덕이 많으시다. 여러 귀족의 성씨 중에 (가장) 존엄하시며 덕을 행하고 근본을 지키는 그런 (석가) 종족으로 태어나셨으니, 세상도 천상도 또한 모두 차수叉手[1]를 하고 부처님께 예배를 한다. 그렇기 때문에 (우리도) 머리를 조아려 정례頂禮로서(頭面) 부처님께 예배를 하니, 천상이나 천하로도 (더 이상 비교할 자가) 없고 (부처님과) 동등한 자가 없다. (부지런히) 정진하는 자로 귀신·용·천인도 또한 욕계·색계·무색계의 윤회(三界)에 있지만, (부처님을) 가까이 따르고 미묘함을 지니면 제도되지 못한

---

[1] 차수叉手: 인도의 공경인사법 가운데 하나로, 양손을 서로 교차한다는 의미이다. 즉 양 손가락을 서로 깍지 끼어 손가락의 머리 부분이 서로 맞닿은 상태로 예경을 드리는 방법이다. 일명 금강합장이라고도 하고, 밀법密法에서는 귀명합장이라고도 한다.

자는 바로 제도되고, 죽을 자는 다시 죽지 않고, 늙는 자는 다시 늙지 않으니, (귀신·용·천인도) 모두 수행에 따라 불법佛法을 얻는 것이다.

또한 수행자는 이 세 가지 무유(三無有)[2]로 또한 덕을 행하고 진리의 법을 듣고(배워) 지키고 자신의 마음으로 (복덕福德과 지덕智德을) 지으니, 수행자가 얻은 진리의 의미를 비유하면 맛있는 사탕수수를 짠 것과 같다. 항상 (죄업을) 두려워하며 관觀하고 100여 가지 (업이) 쌓인 걸 본다. 만약 (진리의) 안온함을 얻지 못하고 (세상적인) 즐거움이 다하고 나면 늙고 죽기 때문에 세상에서 침몰하는 것이다. 비유하면 힘없는 코끼리가 함정에 빠져 스스로 나올 수 없는 것과 같다. 세간(세상)의 사람들도 또한 그러하다. 만약 약간이라도 경전의 씨를 심고 취한다면 안온하다. 비유하면 약간의 꽃을 심어 쌓여 있는 것과 같은 것이다. 수행의 차제(道地)를 행하고 짓고자 한다면 세상을 제도하고자 하는 말씀을 들어야 하는 것이다. 수행자는 바로 들으면(배우면) 마땅히 설해야 하고, 수행의 차제를 행해야만 생로병사의 근심이 마음을 근심하게 하거나 고뇌하게 하지 못한다. 수행자가 만약 집에서 행하거나 집을 버리고 (출가하여) 행한다면 고苦의 근본을 타파하고자 하는 자이고, 도를 얻고자 하여 다른 데 가까이하는 것이 없고

---

2 3무유三無有: 이는 3무위三無爲를 말한다. 즉 여러 가지 업을 짓는 행을 떨쳐버리는 세 가지 원리로서 무위법을 말한다. ①허공무위: 공간을 말한다. ②택멸무위: 의지와 사려에 의해서 오는 번뇌를 수행을 통해 떨쳐버리는 것이다. ③비택멸무위: 의지와 사려에 의해서 오는 게 아니고 자연히 오는 현상을 떨쳐버리는 것이다. 예를 들면 땔나무는 불에 타고나면 저절로 다 없어지는 것과 같다. 이 세 가지 무유는 소승의 설일체유부 학파가 확립시킨 것이다.

다른 데 귀의하는 것이 없고 다른 게 능히 해결해 주는 게 없는 것이다. 마땅히 (고苦의 근본인 집착하는) 일체를 버려야 한다. 이와 같이 수행자는 다만 (고苦의 근본인 집착하는) 일체를 마땅히 버려야만 바로 수행의 차제를 행한 이후부터 "생로병사에 집착하는 마음의 근심은 바로 몸에서 고苦가 생긴 것이다."라고 설한다.

그러나 이미 세상을 제도하고자 하는 자이면 바로 수행의 차제를 행한다 해도 몸을 싫어하지 말아야 한다. 이미 (이 세상에 태어났다면 필연적으로) 늙음·병듦·죽음이 있는 것이니, 이것으로부터 만약 (근심하며) 집착하는 마음이라면 고뇌가 생긴다. 부처님의 계를 받고 따르고자 하는 자이면 바로 행하여 무위에 도달하는 것이다. 그럼 어떤 것은 행하면 안 되는가? 어떤 것은 행할 수 있는가? 어떤 것이 수행자인가? 어떤 것이 수행의 계위(地)인 것인가?

행하면 안 되는 것이란, 마음(名)이 욕망을 생각하고 성냄을 생각하고 침략을 생각하고 국가를 생각하는 것과 죽음을 생각하지 않는 것이다. 악지식(정법을 행하지 않는 스승이나 친구)을 따르고, 계를 지니지 않고, (선지식의) 지혜를 받아들이지 않고, 마음을 섭심攝心하지 않고, (선지식의) 가르침을 받아들이지 않고 수행을 묻지 않는 것이다. 자신의 그 몸은 육신 혹은 물질의 표상(色想)만을 생각하고 항상 즐거운 생각만을 하고 스스로 청정하다고 몸을 계산하지만 지혜롭지 못한 것이다. 군郡이나 현縣의 도심에 살면서 사람을 이겨가며 함께 사는 것이다. 색(여색이나 물질)을 탐내고 번민하며, 탐욕을 버리지 못하여 욕망이 많고, 성냄이 많고, 어리석음이 많고, 사회적 반연의 인연이 많고, (음식을) 많이 먹는 것이다. 수행을 버리고,

몸을 탐내고, 수면을 취하려고 하고, (선념善念의) 생각을 잊고, (본인이 잘 알지도 못하면서 도에 대한 말씀을) 지나치게 의심하는 것이다. 정진을 해도 잘못된 정진이고, 두려워하면서도 촉각의 감각기능(身根)을 지키지 못하고, 세상일이 많고 말이 많고 활동의 행위가 많고 하는 일(세상일)이 많은 것이다. 오랫동안 가르침이 잘못되었고, 마음의 계책이 잘못된 것도 또한 그와 같다. 금세(현세)에서의 법은 도에서 혹은 도를 떠나서 하니, 이를 행하면 안 되는 것이라고 한다.

그것은 왜 행하면 안 되는가? 무위를 떠나기 때문이다. 나중에 (상대가) 구속해 말하거나 하면 화를 내며 죽이고자 하고, 항상 몸은 즐겁고 깨끗하다고 느끼고 생각하니 지혜롭지 못하지만 악만은 조금도 따르지 않는다. 하지만 부처님께서 "그것은 행하면 안 되는 것이다."라고 말씀하셨다.

어떤 것은 행할 수 있는가? 출세간을 생각하고(念出) 성냄을 생각하지 않고 죽일 생각을 하지 않는 것이다. 지혜로운 지식(정법을 행하는 스승이나 친구)을 가까이하고 계를 지녀 청정하고 식사를 많이 하지 않는 것이다. 자신에 대해 질문을 해도 그것(자신)을 생각하지 않고, 좋지 않은 것을 생각하지 않는 것이다. 고苦를 생각하고, 더러움을 생각하고, 몸을 좋다고 생각하지 않는 것이다. 군郡·현縣의 도심에 살지도 않으며, 남을 이기지도 않으면서 사람들과 (화합하며 더불어) 함께 사는 것이다. 번민하지 않고 자신을 지키니 고뇌가 적고, (세상일에 종사하는) 일이 적고, 적게 먹는 것이다. 방편을 버리지 않고 몸을 조복하고 잠을 버리는 것이다. 마음은 올바른 행에 가 있어 마음을 지키고 의심이 없는 것이다. 정진을 행하여 두려움을 버리고

6근³의 근문根門⁴을 지키니 말이 적고, 4제⁵를 행하고, 4제의 가르침을
받아들이고, 4제의 뜻을 닦는 것이다. 그리고 공의 연못⁶에서 수행하는
것을 좋아하니, 관觀을 하는 것과 같은 것이다. 좋은 법을 얻지 못하면
바로 법에 이르도록 하고, 이미 이르렀다면 바로 옹호를 하는 것이다.

---

3 6근六根: 범어 ṣaḍ-indriya의 의역으로, 여섯 가지 인식의 기능인 눈·귀·코·혀·몸
·마음을 일컫는다.

4 근문根門: 눈·귀·코·혀·몸·마음 등의 6근은 여러 가지 번뇌를 일으키게 하는
통로의 문로門路이기 때문에 근문이라 한다.

5 4제四諦: 4성제四聖諦라고도 한다. 제諦(satya)는 진리·진실을 뜻하며, 4제란
네 가지 신성한 진리라는 의미로 능히 우주인생의 문제를 철저하게 통찰하고
해결할 수 있게 하는 네 가지 항목이다. 즉 ①고제苦諦: 범어 duḥkha-satya의
의역으로, 일체는 모두 고苦라고 보는 진리이다. 다시 말해 세상의 현실은 모두
고라는 보는 것이다. 그러므로 현실을 집착하지 말고 겸허하게 순응하라는 것이
다. ②집제集諦: 범어 samudaya-satya의 의역으로, 세상사가 고苦인 것은 우리들
의 번뇌나 망집 등이 모이고 쌓여서 고苦를 형성시키는 원인이 된다고 보는
진리이다. 이를 집제라고 한다. ③멸제滅諦: 범어 nirodha-satya의 의역으로,
비록 현실적인 일들이 고苦라고 해도 그 고뇌의 원인을 끊고 없애버리면 바로
깨달음의 진리·진실에 이르는 것이다. 이를 멸제라 한다. ④도제道諦: 범어
mārga-satya의 의역으로, 이러한 4제의 이치는 바로 깨달음의 경지에 이르도록
하는 실천의 진리인 것이다. 이 4제는 근본불교의 기본교리로서 세간에서 출세간
에 이르게 하는 실천덕목으로 원인을 설하여 결과를 얻게 하는 교설이다. 4제를
분석해 보면 고苦와 집集은 세간적인 것이니, 이 중에 고는 원인이고 집은 결과이
다. 멸滅과 도道는 출세간적인 것이니, 이 중에 도는 원인이고 멸은 결과이다.
다시 총체적으로 4제를 보면 고와 집은 세간의 원인이고, 멸과 도는 출세간의
결과인 것이다.

6 공의 연못이란, 우주만물의 존재는 인연소생이므로 자성이 없는 무자성·무실체라
는 의미를 불법의 기본 개념인 공으로 표현하는데, 이를 연못에 비유해서 말한
것이다.

경을 듣고 배우기를 아주 기뻐하는 몸 때문에 만족하며 행하는 것이다. 다만 법의 행이 부족하면 마땅히 죽는 줄로 알고, (세속적인) 세상의 덕을 즐거워하지 않고 (많이) 먹는 것을 싫어하니 무위인 것이다. 또한 이와 같은 부류의 행법을 한다면 응당 무위에 도달하는 것이다. 이를 행할 수 있는 것이라고 한다.

왜 행할 수 있는 것인가? 그것으로부터 무위에 도달하기 때문이다. 나중에 (상대가) 속박해 말한다 해도 계가 청정하고 믿음에 들어가며, 몸을 생각하지 않고 법의 일을 수렴하고, 들은 것은 정견(諦見)이며 조금도 (불법을) 어기지 않으니, 이것은 응당 무위의 도를 얻는 것이다. 부처님께서 "법을 약간이라도 생각하고 마음에 심으면 반드시 고苦가 없고 피곤함이 없다."라고 말씀하셨다. 이미 공덕취功德聚[7]를 설하였으며 촉각적인 감각기능(身根)을 지키고 몸을 조복하니, 응당 행할 수 있는 것이다.

수행자는 어떤 마음으로 일을 접근해야만 응당 해야 할 행과 같은 것인가? 수행자는 학습을 해야 하고. 수행자가 학습을 가까이하는 그것이 학습에 대한 행이다. 수행자는 세 부류이니 도를 얻지 못한 자[8], 학자[9], 불학자(무학)[10]이다.

---

7 공덕취功德聚: 일체 공덕을 구족한 색신을 말한다. 예를 들면 석가모니부처님 같은 분이다.

8 일반적인 범부를 말한다.

9 유학有學의 계위에 있고 비록 4제의 이치를 얻고 깨달았어도 여전히 번뇌를 끊지 못했고 지속적으로 계·정·혜 삼학의 학습이 필요한 계위이다. 즉 아라한과 이전의 수행단계이다.

10 이미 수행을 원만히 성취하여 삼학의 학습이 필요치 않는 계위의 아라한을

어떤 것이 수행의 차제(차례)인가? 수행자가 행하는 것은 수행자를
위한 수행의 계위(地)인 것이다. 행도行道[11]를 아직 얻지 못한 자는
어떤 근본적인 차제의 행을 시작해야 하는가 하면, 앞에서 설한 그것이
행이니, 이와 같이 말을 마치겠다. 학자·불학자(무학)도 또한 이미
설하였다.

도를 행하는 차제를 지관止觀이라고 한다. 어찌하여 지관이 필요한
가 하면, 네 가지 덕(四德)[12]을 얻지 못하였기 때문에 네 가지 덕에
도달하고자 하는 것이다. 어찌하여 이 네 가지 덕에 도달하는 것이
필요한가 하면, 그것으로부터 무위에 도달하고자 하기 때문이다.
어떤 인연으로 무위에 도달하는가 하면, 유여열반(有餘)을 원하지
않기 때문이다. 어찌하여 유여열반을 원하지 않는가 하면, (이는)
다만 일체 고苦만을 없애고자 하기 때문이다. 그렇지만 수행자가
일체 고苦를 없애고자 한다면 마땅히 항상 지관止觀을 떠나지 말고
어기지 말고 멈추지 말고 확립해야 한다. 만약 수행자가 멈춘다면
바로 지止를 얻지 못하고 또한 관觀을 얻지 못하니, 헛된 고행인
것이다. 비유하면 사람이 불을 구함에 있어 바로 나무를 비벼 뚫고
위가 아래로 뚫어지면 나무는 바로 뚫리지만, 수시로 중지하고 수시로
뚫는 걸 멈추고 이와 같이 한다면 불을 얻지 못하니, 단지 자신만

일컫는 말이다. 이는 성자聖者의 계위로서 아라한과阿羅漢果라 하고 또는 무학위
無學位, 무학과無學果라고도 한다.

11 행도行道: ①불도佛道를 배우고 수행함을 뜻한다. ②경행經行을 말한다. 즉
좌선을 할 때 졸음을 쫓기 위해 일정한 곳을 돌며 보행하는 것이다.

12 4덕四德: 『대반열반경』에 설한 열반에 구족하는 네 가지 덕을 말한다. 즉 상常·낙
樂·아我·정淨이다.

수고롭고 피곤한 것이다. 도의 비유도 이와 같아 선후를 말하자면, 가령 관법觀法을 행하는 자가 그런 중에 피곤하면 마음은 싫어하게 되니, 수행자는 행을 버리거나 멈추지 말고 피곤해하지 말라! 피곤한 자가 행을 따르다가는 바로 행을 잘못하는 것이다. 비유하면 밤이 깊어 어두운데 사람이 어두움 속에서 눈을 감은 채 걷는 것과 같다. 그러나 어느 때인가 마땅히 밝음을 볼 것이다. 만약 수행자의 행이 지혜롭지 못한 자라면 이와 마찬가지이다. 하지만 날이 밝으면 눈을 뜨고 걷고, 바로 점점 지혜로운 자가 되니 무위의 선법(無爲種)을 얻는 것이다. (비록) 경을 통달한 자는 약간 있지만, 더 경을 통달하고자 하는 자에게는 관경觀經을 가르치고 바로 지관止觀을 설하고, 다른 경은 취합하지 않게 설해야 한다.

이는 수행의 차제(道地)에서 산종散種을 설한 장章의 품品[13]이다.

---

**13** 품品: 장章의 절節을 말한다.

☙

道地經 一卷

天竺須賴拏國三藏 僧伽羅刹 漢言
衆護造後漢安息國三藏 安世高 譯

散種章第一
從明勝日出, 像亦顏色 行德多. 中多貴姓尊行德, 守本從是種有,
世間亦天上皆叉手禮佛. 是故持頭面爲禮佛, 爲無上天下無有
等. 精進者, 鬼·龍·天人, 亦在三界中, 隨近持微妙, 不度者便度,
死者不復死, 老者不復老, 皆從行得佛法.
亦行者, 是三無有, 行亦德守, 聽說諦法自意作, 行者得味, 譬如
筰甘蔗. 常怖觀見, 積百餘. 若不得(仁-二+樂)樂窮老死, 故在世
間沒. 譬如無有力象, 墮陷不能自出. 世間人亦爾. 從若干種經取
安. 譬如若干種華積. 在欲所作著行道地, 聽從若欲度世說. 行者
便聽, 當說行道地, 生老病死憂感, 若不可意愁惱. 行者, 若家中
行 若棄家行, 欲壞苦本者, 欲往得道, 無有餘近, 無有餘歸, 無有
餘能解住. 當一切捨. 如是行者, 但當一切捨, 使行道地從後來,
說生老病死著意憂, 便身生苦.
已欲度世者, 便行道地, 莫厭在身. 已有老病死, 從是若著意惱
生. 欲隨受佛戒者, 便行從致無爲. 何等爲不可行? 何等爲可行?
何等爲行者? 何等爲地者?

不可行者, 名爲念欲, 念瞋恚, 念侵, 念國, 不念死. 隨惡知識, 不持戒, 不受慧, 不攝意, 不受教, 行不問. 自斯身念色想, 念常樂想, 淨自計身不慧. 郡縣居, 羸人並居. 念色矕矕, 不離貪, 多欲, 多恚, 多癡, 多因緣, 多食. 捨行, 貪身, 欲睡眠, 忘意, 疑過. 精進失精進, 畏怖不攝身根, 多事, 多說, 多業, 多作事. 久倒教, 倒意計, 是亦如是. 今世法從道或離道, 是名爲不可行.

是何以不可行? 離無爲故. 從後縛束說, 瞋恚欲殺, 常身樂淨受想不慧, 不隨從若干惡. 佛說是不可行.

何等爲可行? 念出, 不念瞋恚, 不念殺. 近明知識, 持戒淨, 不多食事. 問自身不斯念, 非念不好. 念苦, 念不淨, 不念身好. 不郡縣居, 不羸人共居. 不矕矕, 自守少惱, 少事, 少食. 不捨方便, 伏身, 捨睡眠. 意在行正, 守意無有疑. 精進在行, 離驚怖攝根門, 少說, 在諦, 行受諦教, 修諦意. 喜在空澤中行, 如有觀.. 未得好法便致法, 已致便護. 多喜欲聞經, 所身故用足. 但不足法, 行知當死, 不樂世間德, 厭食, 可無爲. 亦如是輩行法, 從應致無爲. 是名爲可行.

何以爲是可行? 從是致無爲. 從後縛束說戒淨, 墮信, 不念身, 斂受法事, 聽者諦見, 不侵若干, 是應無爲得道者. 佛說, 法念若干種意, 定無有苦, 無有疲. 已說功德聚, 攝根伏身, 應可行.

行者, 爲何等意, 近事如應行? 行者爲習, 行者近習, 是爲行習. 是行者三輩, 未得道者, 學者, 不學者.

何等爲道地? 行者所行, 是爲行者地. 未得行道者爲何等本起次行, 居前說是行, 如是說竟. 學者不學者亦已說.

道行地名爲止觀. 何用是止觀, 但未得四德故, 欲致是四德. 何用
欲致是四德, 從是欲致無爲故. 何因緣致無爲, 不欲有餘爲故. 何
以不欲有餘爲, 但欲除一切苦故. 是故行者欲除一切苦, 當常莫
離, 莫犯, 莫穿立止觀. 若行者穿, 便不得止, 亦不得觀, 空亡苦行.
譬如人求火便鑽木, 上鑽著下, 木便鑽, 時時中止, 時時鑽止, 如
是未曾得火, 但自勞倦. 道譬如是, 從後現說, 設觀法行者, 中得
疲意厭, 行者除行, 莫穿莫疲! 倦者從行, 便失行. 譬如夜極冥,
人冥中閉目行. 何時當見明. 若行者行, 不穿慧者如是. 日出開目
行, 便稍稍慧人, 得無爲種. 通經者若干, 更經通者, 觀經敎, 便說
止觀, 餘經散說.

是爲道地散種章品.

# 제2장 수행의 차제(道地) 행에서
# 5음의 근본을 아는 혜慧

약간의 경으로부터 지혜를 얻는다면 늙지 않고 죽지 않는 감로[14]를 굳건하게 할 것이다. 좋은 평판의 명성은 명월明月과 같은 행을 한 것이니, (청문한 불법의) 일인 것이고 청정한 것이고 지혜로운 것이다. 만약 (불법을) 지키고 제도하는 자라면 더 지혜롭다. 또한 (재가자로) 집에서 행한다 해도 역시 그러하다. 그러나 악의를 제도하지 못하면 마음대로 이끌지 못한다. 그렇기 때문에 득도한 자(得道者)[15]에

---

14 감로甘露: ① 범어 amṛta의 의역이고, 모든 천상에서 사용하는 음료이다. 범어 a는 부정否定의 뜻이고, mṛ는 죽는다는 뜻이고, mṛta는 과거분사이다. amṛta가 합성되어 죽지 않음·영생·무상(無上, 최상)의 경지·열반과 같은 의미로 사용한다. ② "불법佛法"을 비유해 말하기도 한다.

15 득도자得道者: 도道란 3승(성문승·연각승·보살승)의 계·정·혜를 행하고 도과道果를 증득한 것을 뜻한다. 즉 득도자란 무루無漏의 성도聖道 또는 보살의 무생법인·무상보리의 불과佛果를 얻은 분을 말한다. 다시 말하면 통상적으로 성불한 분을 일컬으니, 이 계위에 들어가면 다시는 범부의 수에 떨어지지 않아 득도자라

게 베풀고 득도한 자에게 예배를 하고 머리를 발에다 조아리고 정례하며(稽首) 감로를 얻는 것이다.

탐욕은 (5음의 근본원인인) 종자이다. (5음의 근본원인이) 많기 때문에 유위의 현상(菰)[16]이 생기고 좋아하고 기뻐하지만 근심의 가지(branch)이다. 부처님께서 5음을 말씀하셨는데, 비유하면 공후(箜篌: 하프와 비슷한 악기)와 같다. 들은 설법에 의하면, 많은 불경이 불도를 수행하는 자보다 더 (중생을 교화하여) 이끈다고 하였다. 그리고 마땅히 신체의 근본은 5종의 원소로 구성된 줄 알아야 하니, 즉 색종色種[17]·통양종痛痒種[18]·사상종思想種[19]·행종行種[20]·식종識種[21]이다. 마치 약간의 집들이 동방의 고을에 모인 것과 같고, 약간의 집들이

---

고 칭한 것이다.

16 고菰는 다년생의 수초水草를 말하며, 또한 부추를 말하기도 한다. 부추는 봄에 싹이 나오면 1년 내내 계속 자라는 족족 잘라 먹는다. 여기에서 고菰의 의미는 "종자(5음의 근본원인)로 인해 끊임없이 생기는 유위의 현상"을 비유한 것이다.

17 색종色種: 색온色蘊이라고도 한다. 5음(오온) 중에 하나로, 이는 물질 현상의 결합이다. 예를 들면 육신 또는 사물 등의 물질을 말한다.

18 통양종痛痒種: 수온受蘊이라고도 한다. 5음(오온)의 하나로, 이는 외적 대상을 접촉하여 느끼는 감촉의 영역을 말한다. 느낌(통양)이란 근根·경境·식識이 결합하여 감촉이 생기는 것을 말하니, 즉 감수작용을 뜻한다.

19 사상종思想種: 상온想蘊이라고도 한다. 5음(오온)의 하나로, 이는 상상想像·이미지의 형상·표상작용이다.

20 행종行種: 행온行蘊이라고도 한다. 5음(오온)의 하나로, 이는 욕구의 의지작용이다.

21 식종識種: 식온(識蘊)이라고도 한다. 5음(오온) 중에 하나로, 이는 중생들 생명의 존재는 의식識의 적집積集으로 이루어진 것이니, 즉 의식작용을 말한다.

남방의 고을에 모인 것과 같고, 약간의 집들이 서방의 고을에 모인 것과 같고, 약간의 집들이 북방의 고을에 모인 것과 같다. 또한 하나의 집만이 아니라면 고을이라고 하는 그것은 색(육신 혹은 물질)을 비유한 것이다. 또한 하나의 색(육신 혹은 물질)이라고 하지 않고 색종色種이라고 하지만 약간의 색(육신 혹은 물질)도 색종인 것이다. 통양(감수)·사상(표상)·행(의지)·식(의식)도 또한 그와 같다. 색(육신 혹은 물질)은 5근·5경의 상입에서 의식이 생기는데(十入), 소위 모든 존재 자체를 나타내며(文) 또한 법을 따르니, 인상印象의 작용을 받아들임(受入)이 색종이고, 108가지 감각적인 느낌(인식)은 감수작용(痛種)이고, 108가지 표상은 표상작용이고, 108가지 행行은 의지작용(行種)이고, 108가지 의식은 의식작용(인식작용)이다. 이와 같이 마땅히 5종의 원소를 알아야 한다.

과거(後)로부터 현재에 이르게 됨을 비유해 말하자면, (어리석어서 과거세와 현재세를) 서로 연결되지 않는다고 한다면 단지 근본이 어리석기 때문이고, 부처님의 말씀을 듣지 못하였고 혹은 어리석음에 배였기 때문이다. 비유하면 나뭇잎이 가지에 붙은 것과 같아서, 어리석은 악행이 (몸의) 다섯 원소에 붙은 것이고, (일체 고의 근본인) 다섯 원소가 모여 (몸을) 형성하였고 마음이 이 몸을 헤아리는 것이다.

이는 수행의 차제(道地) 행에서 5음을 아는 지혜를 설한 장章의 품이다.

道地經知五陰慧章第二

從若干經得明堅, 不老不死甘露. 聲名聞以行如明月, 事者淨者
慧明者. 若守度者更明. 并家中行亦爾. 惡意不可護, 不可牽如
意. 是故施得道者, 禮得道者, 稽首從得甘露故.

貪爲種. 多故爲生, 菰愛歡喜爲憂支. 佛說五陰, 譬如篋篋. 聽說,
從多經牽比行道者. 當知身體本爲五種所成, 色種·痛痒種·思想
種·行種·識種. 如若干戶東方郡字, 如若干戶南方郡字, 如若干
戶西方郡字, 如若干戶北方郡字. 亦非一舍, 名爲郡, 是譬色. 亦
非一色, 爲色種, 若干色, 爲色種. 痛痒·思想·行·識, 亦如是. 色
在十入, 文亦從法, 受入是爲色種, 百八痛是痛種, 百八思想爲思
想種, 百八行爲行種, 百八識爲識種. 如是當知五種.

從後現譬說, 不相連著, 但本癡故, 不聞佛言, 或習癡故. 譬如樹
葉著枝, 癡惡行著五種, 成聚五種, 意計是身.

道地行知五陰慧章品.

# 제3장 수행의 차제 행에서 5음의
# 상응과 구족

(비유해 말하면 막혔던) 자성의 강물이 터져 흘러넘치고 불도의 자비심과 지혜가(度器)[22] 가득하니, 6족경六足經[23]을 타파한 것이다. (또비유하면) 벌[24]들이 갑자기 활짝 핀 연꽃의 지혜와 같아서 일출을 믿고 따르니(服), 연꽃보다 월등히 일심으로 전념하여 수행하는 것(奉事)이다. 부처님은 청정하고 담백하여 그 상이 빛나신다. 부처님 지존께서는 세상의 복이 끊어진 사람들을 살펴 도우시니, 그 정신은

---

22 도기度器: 도度는 생사 번뇌의 고해를 넘는다는 의미이고, 기器는 사리事理 분별을 하는 데 사용하는 법을 말한다. 예를 들면 보살은 보리심기菩提心器·다문기多聞器·선근기善根器·대부기大富器·출도기出道器 등 서른두 가지의 도기度器를 성취하여 일체 불도의 자비심과 지혜를 구족한다.

23 6족경六足經: 소승 유부종有部宗에서 중시하는 6부의 근본根本 논장을 말한다.

24 여기에서 "벌"은 수행하는 비구를 비유한 것이니, 즉 벌이 꽃에서 꿀(불법을 비유)을 부지런히 묻혀내는 것(수행)을 뜻한다.

한결같고 도를 경經처럼 두루 자세히 설명하신다.

이미 개화하여 불도를 행하는 자이면 또한 마땅히 5종五種은 각각 5음의 상(種相)에 서로 상응하는 줄 알아야 한다. 물질의 상을 보면 또한 물질이다. (예를 들면) 손이 공후를 쥐면 역시 물질이지만 또한 (즐거움을) 느끼니(痛), 이는 느낌의 현상인 것이다. 즐거움이나 고통 또는 즐겁지 않음이나 또는 고통이 아님을 또다시 느끼니, 그것도 느낌의 현상이다. 의식(인식)의 현상은 표상인 것이니, 만약 여인이든 남자이든 또한 (서로) 다른 것은 바로 표상인 것이다. 짓는 바는 바로 행이니, 만약 좋은 행을 하거나 악행을 하거나 좋지 않은 행을 하거나 악행을 하지 않는다면 그것은 의지의 현상인 것이다. 의식의 현상은 인식이니, 즉 좋고 나쁘고 또한 나쁜 게 아니고 또한 좋은 게 아닌 줄 인식하는 그것은 의식의 현상인 것이다. 이와 같이 5종(五種, 5음)에는 각각의 상이 있다. 나중에 설한 말씀은 "육신(色: 여색 혹은 물질)은 즐거움보다도 역시 악이 더 많다."라고 하셨다. 부처님은 경에서 이같이 상응한 가르침을 설하셨으니, 마치 5음종五陰種의 상이 약간의 외적인 대상에 상응한 것과 같은 것이다.

이는 수행의 차제 행에서 5음의 상相에 상응과 구족을 설한 장章이다.

🦋

道地經隨應相具章第三

性河開流滿, 度器滿, 破六足經. 蜜突如蓮花開慧日出服, 勝蓮花奉事. 佛清淨淡泊, 其相然. 至尊世, 絶福祐人, 視其精固, 將道者敷演如經.

已開化行道者, 亦當知五種各應相種相. 色視相亦色. 手篋把亦色, 更痛, 爲痛相. 樂苦亦不樂亦不苦更痛, 是爲痛相. 識相爲思想, 若女人若男子亦餘, 是爲思想. 所作是爲行, 若好行若惡行, 若不好行若不惡行, 是爲行相. 識相爲識, 好不好, 亦非不好亦非好識, 是爲識相. 如是五種各自有相. 從後說, 說是色于樂亦多惡. 佛說在經中如應出說, 如應五陰種相若干相份.

道地隨應相具章.

# 제4장 수행의 차제 행에서 5음의
# 분별현상을 멈춤

그러므로 (부처님께서) 감로의 선법을 가지신(甘露種) 까닭은 5음의
치성함에 물을 뿌리고, 5음의 땔나무를 지혜의 광명으로 없애고,
(5음의) 악한 불을 파괴시키기 때문이다. 삼계에서 나(부처님)에게
예배를 하니, (중생들이) 보시와 예배를 하는 것이다. 감로를 가지고
3독을 소멸하는 자는 5음을 꿰뚫고 태어나 상응하니, 지혜의 마음을
가지고 악한 불의 마음을 소멸하는 것이다. 삼계(욕계·색계·무색계)
에서 존경하는 자이면 나도 또한 존경하는 마음으로 차수叉手를 한다.
자신은 지혜의 능력을 따르니, 지혜란 스스로 얻는 것이다. 스스로
얻는 것처럼 부처님을 알면 바로 제자를 가르치고 설한 바에 상응한
행을 하는 것이다. 들은 설법에 의하면, 그런 마음의 선정이 5음을
분별하는 것이다. 지혜의 능력으로 보고 지키는 자이면 청정을 알아
자신의 자성부처님을 마음에 의해 알고 바로 분별을 버리고 인식을
하는 것(現事)이다. 부처님께서 설하신 바에 상응하여 행하니, 자신이

이해한 능력으로 일을 행하므로(見行) 아는 것이다. 들은 설법에 의하면, 마음이 그런 선정으로부터 5음을 분별하는 것이다. 불도를 행하는 자이면 마땅히 5음을 분별할 줄 알아야 하니, 수행자는 마땅히 그런 분별로 5음을 알아야 한다. 비유하면 사거리에 떨어진 한 줄의 진주를 당연히 한 사람이 보았고, 이미 보고나서는 바로 기뻐하고 좋아하는 마음은 진주를 얻어서 기뻐하는 것이니, (그) 사람은 진주에가 있는 (자신의) 마음을 본 것으로, 그것은 물질적인 요소인 것이다. 기뻐하게 하는 마음 그것은 감수작용인 것이다. 만약 이상과 같다면 이를 진주의 줄이라고 하니, 그것은 표상작용인 것이다. 만약 마음에서 진주의 줄을 갖고자 한다면 그것은 욕구의 의지작용인 것이다. 이것으로부터 아는 것은 인식작용(의식작용)인 것이다. 이와 같은 다섯 종류의 마음이 한 줄의 진주와 함께 행하니, 바로 약간의 행을 짓는 것도 또한 스스로 행하는 것이다. 이와 같이 한 줄의 진주에서 일시에 함께 행한 것이니, 5음은 바로 이와 같이 눈이 본 바의 물질과 함께 행하는 것이다. 다섯 가지의 오행五行은 바로 귀는 소리를 듣고, 코는 냄새를 맡고, 입은 더 맛보고, 몸은 또 (감촉의 느낌이) 거칠기도 매끄럽기도 하지만, 마음의[25] 수·상·행·식 네 가지 구성요소에는 물질적인 요소가 없다. 이와 같이 우리들의 존재 및 사물에 이르기까지

---

[25] 본 경전의 원문에선 "신중身中"이라고 표기했는데, 내용상 "심중心中"의 오자 같아서 "마음"으로 해석하였다. 왜냐하면 수(감수작용)·상(표상작용)·행(의지작용)·식(의식작용)은 마음의 네 가지 구성요소이고, 색(물질)은 몸을 구성하는 물질적인 요소이다. 5음(오온)의 색(물질·육신)과 수·상·행·식은 바로 물질적인 측면과 정신적인 측면을 합친 우리 생명의 존재를 구성한 다섯 가지 요소이다. 그러므로 여기에선 "몸"이 아니고 "마음"이라고 본다.

구성하는 다섯 종류의 요소(五陰種)에 대한 생김을 각각 분별하여 아는 것이다.

뒤에서 설하고 있는 도덕을 분별하는 것도 이와 같이 설한 것이다. 이미 이런 경의 말씀을 얻었다 해도 아직 도를 얻지 못한 자이면 마음의 집착을 받아들이는 것이다. 마음은 이와 같이 행하면서도 또한 자아를 나타내며 말한다.

이는 도행道行 중 5음의 분별현상의 멈춤을 설한 장章이다.

🦋

道地經五陰分別現止章第四

所然, 持甘露種, 澆五盛陰, 爲五陰薪從慧明却, 壞惡火. 從三界
禮我, 施禮. 爲持甘露滅三毒者, 從五陰鑽, 所生隨應, 持智慧意,
滅惡火意. 三界中尊敬者, 我亦尊敬意叉手. 自從慧智力, 慧者自
得. 如自得知佛, 便敎弟子, 所說應行. 聽說, 從是意定, 五陰分別.
見爲從慧力所守者, 知淸淨, 自佛從所意知, 便現事者. 是佛所說
應行, 見行可知. 聽說, 意從是定分別五陰. 行道者當知分別五
陰, 行者當那分別知五陰. 譬如四衢中墮一貫眞珠裏, 一人當見,
已見便喜愛意, 喜欲得珠, 人見意在珠, 是爲色陰種. 所喜可意,
是爲痛痒種. 若上頭如是名爲貫珠, 是爲思想種. 若意生欲取貫
珠, 是爲行種. 從是知, 爲識種. 如是五種意, 在一貫珠俱行, 便若
干作行, 亦自行. 如是在一貫珠, 一時俱行, 五陰更如是, 眼所見
色幷俱行. 五行更耳聞聲, 鼻聞香, 口更味, 身更麁細, 身中四陰
無有色種生. 如是五陰種, 各自分別知.

後有說道德者分別說如是. 已得是經說, 未得道者, 受著心. 心如
是行, 說我亦現.

是說. 道行五陰分別現止章.

# 제5장 수행의 차제 행에서 5음의 성패成敗에 대한 이해

이미 부처가 되는 요지를 알았으니, 이는 요지 중에 구경의 요지인 것이다. (예컨대) 요지를 만들고 또한 요지를 얻었고, 이미 구경이면 또한 (구경의) 요지인 것이니, 응당 더 (이상의) 요지는 없는 것이다. (부처님께) 마땅히 예배를 해야 하지만 응당 집착하는 바도 없어야 하고, (부처님의) 명성이 무량하시니 설한 바의 언설을 비유하면 명월明月과 같은 것이다. 지혜(明)로 제자에게 지혜를 얻게 하고 고뇌를 두려워할 줄도 알게 하지만, (고뇌의) 죄가 생기면 신체를 파괴할 수가 있다. 이미 5종음(五種陰: 5음)에서 지혜를 얻고 (5음의) 성패를 알았으니, 만약 이런 일이 있다면 (시방 삼세의 부처님께) 마땅히 머리를 조아려 예배를 해야 하며, 부처님께서 "불도를 행하는 자는 마땅히 5음 출입의 성패成敗를 알아야 한다."라고 한 말씀도 알아들어야 한다.

(일상 중 5음의 성패를 어떻게 아는가 하면) 비유하면 사람의

목숨이 다하고자 하는 것은 (들숨 날숨의) 호흡에 있으며, (임종이 임하여) 죽으려고 한다면 바로 404가지 병중에서 선후의 차제(순서)가 서서히 일어나니, 바로 (문득 지나온 잘잘못의 옛) 생각이 일어나고 두려운 공포를 보게 된다. (예컨대) 꿈속에서 벌이 나무를 쪼고, 까마귀가 머리 정수리의 뇌를 쪼는 것을 보고, 기둥이 하나뿐인 망루에 올라 스스로 즐거운 것을 보며, 자신이 청색·황색·적색·백색의 옷을 걸쳐 입었다. 말을 탄 사람이 말(꼬리)의 긴 털에서 (꼬리를 쳐대는) 소리가 나자 관리를 하거나, 대나무를 베개로 삼아 흙더미에 누웠거나, 죽은 사람이 또한 죽은 사람을 짊어진 것을 보기도 한다. 또한 가축우리를 없애고 사람이 함께 한 그릇에서 밥을 먹기도 하고, 또한 사람이 함께 수레에 실려 가는데 기름과 더러운 흙으로 발이 더러워졌고 또한 몸에도 묻은 것을 본다. 또한 수시로 (무엇인가) 마시는 것을 본다. 또한 덫의 그물에 빠져 사냥꾼이 끌고 가는 것을 본다. 혹은 자신의 몸이 좋아서 웃고 좋아서 우는 것을 본다. 혹은 길에 개구리가 쌓였고 자신이 그 위를 지나가는 것을 본다. 혹은 소금·돈을 긁어모으는 것을 본다. 혹은 머리를 산발하고 어깨가 벗겨진 나체 여인이 자신과 서로 잡아당기는 것을 본다. 혹은 탄 재가 묻어 있는 스승의 몸을 또한 (누군가) 먹고, 혹은 개나 원숭이가 서로 쫓아가는 두려움을 본다. 혹은 자신이 소멸되었는데도 장가가고 시집가려는 것을 본다. 때로는 사람의 집을 신神이 파괴하는 것을 보고, 때로는 말이 와서 수염과 머리털을 핥는 것을 보고, 때로는 치아가 땅에 떨어지는 것을 보고, 때로는 죽은 사람의 옷을 자신이 몸에 걸치고 짊어진 것을 보고, 때로는 자신의 몸이 어깨가 벗겨진 나체로 더러운 기름을 칠하였고, 혹은 흙더미에서 자신의 몸이 구르는 것을 본다. 때로는 가죽 및 깃대를 단 옷을 입고 가는 것을 보고, 때로는 자기 집의 문이 낡아 쓰러졌고, 수레가 와서 당도하는데 많은 기름과 꽃·향을 실은 것을 본다. 또한 형제가 자신의 몸 옆에 있고, 엄하시던 선조가 나타나 추하고 무서운 안색으로 와서 데려가려고 하고 함께 데려가는 것을 본다. 때로는 무덤가를 걷는데 갑자기 영아의 목에 (누군가) 꽃을 버린다. 때로는 자신의 몸이 거꾸로 강물 속에 떨어지는 것을 본다. 때로는 다섯 호수와 아홉 강에 떨어졌는데 바닥에 닿지 않는 것을 본다. 때로는 가시덤불에 들어간 나체의 몸이 서로 상해하고 스스로 펴지면서 뒹구는 것을 본다. 때로는 나무 위에 열매가 없고 꽃도 없지만 꽃놀이도 없다. 때로는 단상에서 춤을 추기도 하고, 때로는 나무 사이를 걸으면서 매우 아름다움을 홀로 즐기기도 한다. 또한 약간의 나무 장대를 가지고 쌓인 땔나무를 무너뜨린다. 때로는 집에 들어갔는데 어둡고 나올 문을 찾지 못한다. 때로는 산의 암벽 위에서 슬퍼 크게 통곡을 한다. 때로는 기둥 위에 새가 충분히 먹고 또한 멀리 간다. 때로는 먼지가 머리에 쌓인다. 때로는 호랑이가 막고서 물어뜯고, 또한 개·원숭이·당나귀가 하기도 한다. 남방을 가다가 무덤에 들어가니 숯이 된 머리카락이 쌓였고, 꽃나무 가지로 뼛가루를 찧고 부수는 것을 본다. 자신이 염라왕에게 들어가는 것을 보았고, 염라왕이 사자使者에게 물으면서 "선과 후로 세상에서 이미 얻은 많은 즐거움의 뿌리에 (얽혀) 빠진다고 설하는 것"을 본다. 혹은 몸은 두려움에 빠지고 목숨은 가려고 하고(죽으려 하고) 자유롭지 못하다. 병이 급히 쫓아오거나 이미 병에 걸려 마음이 바로 흔들리고 목숨은 다되어 근심이 도래하면서 바로 꿈속에서 큰 공포에 들어가는 것을 보고는, (그) 사람은 바로 마음속으로 '내 목숨이 다되려고 한다.'라고 헤아린다. 이와 같이 꿈속의 몸이 본 것은 바로 마음의 두려움이고 바로 몸을 해롭게 한다. 비유하면 새가 (썩은) 석가래 위를 밟은 것과 같다. 자기의 몸은 대단히 고통의 상태에 있어 바로 자신이 의사에게 가려고 한다. 자기의 친족과 형제는 병이 심한 것을 보고 바로 사람을 보내 병원에 도착하도록 사람을 불러 가게 하니, 바로 이런 현상들이 있는 것이다. 즉 불결하고 더러운 옷에 긴 손톱·산발한 수염과 머리카락·낡은 수레에 실리고 헤진 신을 신었고 안색은 검고 눈은 창백하다. 수레 중에서 흰 소나 말에 올라타고, 자신의 손이 수염과 머리카락을 쓰다듬어 닦는다. 의사를 부르지만 이미 다급해져 수레 위에 올라탄 후로는 결박인 것이다. 단지 앉아도 싫다 좋다고 하는 마음에 대해 좋다 즐겁다고 생각하지도 않는다. (예전에는) 의사와 병을 생각해 보지도 않았지만, 이미 몸은 파괴되었고 바로 죄의 그릇에 빠진 것이다. 즉 의사를 부르러 보냈어도 바로 병의 통증을 생각해 보면 다시 살지 못할 것 같다. 왜냐하면 (이미) 살펴본 현상들은 이와 같이 의복이나 언어는 마치 (낡고 더러운) 수레가 멈춰진 형상과도 같고, 수염과 머리카락이 (산발하여) 옷을 덮었기 때문이다. 또한 이와 같이 (일진이) 나쁜 날 (의사를) 불러 오니, 만약 4일, 만약 6일, 만약 9일, 만약 12일, 만약 14일에 와서 도착한다면 또한 일진이 나쁜 날의 접촉을 꺼려해 사람들은 (왕진하는) 의사를 좋아하지도 않는다. 또 어찌 눈물을 금하겠는가! 위의 네 가지 현상에 부딪치면서 반복해 왔다갔다 (의사를) 부르지만,

그것은 또한 (정해진 일진의) 날짜와 시간의 때(漏刻)[26]를 필요로 한 것은 아니다. 그리고 별자리들(星宿)[27]은 순간에 사람을 이상하게 (일진의 화와 복의) 현상을 취하게 한다. 왜냐하면 때로는 (일진이) 나쁜 날인 시간의 때에 어떤 사람은 방편을 행하여 병의 통증을 치료할 수가 있기도 하지만, 병의 통증이 어떤 때는 치료할 수가 없기 때문이다. 그러한 까닭에 시간과 날의 때를 (꼭) 필요로 하지 않기 때문에 지혜로운 사람은 또한 (정해진 일진의) 역일曆日 사용을 좋아하지 않는다. 하지만 선인仙人은 항상 방편을 찾도록 권하고, 바로 죽음에 이른다 해도 치유를 하기도 한다. 만약 병의 통증이 의외로 있는 병이라면 살아날 수도 있지만, 만약 (정해진 업으로) 목숨이 다 되었다면 단지 가도록 말하는 것이다.

이와 같이 병을 앓고 있는 집에 (의사가 왕진하여) 이른다 해도 나중의 결과를 (비유해) 말하면, 함께 바닷물에 들어가거나 혹은 도달하거나 혹은 중간에 파괴되는 것과 같다. 병을 또한 바다에 비유하였으니 혹은 치유되거나 혹은 죽는 것이다. (예컨대) 의사는 바로 가서 병을 앓는 집에 이르지만 생각하지도 못한 (흉한) 소리로 즉 "(환자가) 죽으면 (화장하여) 태워야 하고 (목숨이) 끊어지면 파괴되

---

26 누각漏刻: 본래는 시간을 알리는 물시계의 일종이다. 단 여기에선 "시각의 때"를 뜻한다.

27 성수星宿: 수요宿曜라고도 한다. 인도의 천문법에서 성수를 7요七曜·9집九執·12궁·28수二十八宿로 구분한다. 이러한 성수에는 신神이 머무르는 곳이거나 혹은 신 자체이기 때문에 인간계와 천계天界의 일체 현상에 반영하므로, 이로 말미암아 길흉의 상을 나타내니 또한 그 운행에 의해 인간계의 명운命運을 예측한다는 것이다.

니, (환자의 몸을) 자극하고 움직이게 하여 더러움을 (몸에서) 긁어내야 한다. 죽어나감이 발생되면 명이 소멸되면서 죽어가니 (화장하여) 태워야 하고 (목숨이) 끊어지면 파괴되니, (환자의 몸을) 자극하고 움직이게 하여 더러움을 (몸에서) 긁어내야 한다. (환자가 병환으로) 죽어나감이 발생되면 명이 소멸되면서 죽어가니 치유를 할 수 없는 것이다."라는 말을 듣는다.

그러나 이미 죽었다면 남방南方을 응시하니, (중음의 경계에 이르러서) 다시 보면 올빼미 둥지에서 소리가 나고, 다시 보면 아이가 함께 서로 흙먼지이고, 또 어깨가 벗겨진 나체로 서로 머리카락을 잡아당기고, 병·항아리·질그릇·주발그릇을 깨기도 하고, 또한 빈 그릇이나 집을 보고도 마음이 개의치 않는다. (길을) 가다가 병든 자의 집에 이르고 들어가 병든 사람을 보면 병은 또 괴로운 것이다. 그 집을 나오면서 말할 것 같으면, 의사는 바로 병을 보고 서로 다급해하고 놀라고 무서워하며 놀라 앉았다가 일어나지만, 병이 들면 기력이 없고 자유롭지 못한 것이다. 이와 같음을 보고 바로 (평상시 생각하지 못한 죽음을) 생각하는 것이다.

이와 같이 경에서 죽음의 현상을 설하였다. (예컨대) 안색은 피부의 주름만 못하고, 죽어가는 몸은 흙색과 같고, 혀를 끌어들였다가 나오거나 혹은 말을 잊는 것을 본다. 몸을 보면 골절이 크게 펴치 못하고 코끝이 삐뚤어지고 피부가 검어지고 체구에서 소리가 난다. 목구멍·혀는 뼈의 색이고 다시 맛을 알지 못한다. 입이 마르고 모공이 붉고, 근육과 맥이 힘을 못 쓴다. 머리카락을 산발했는데 머리카락이 곤두서고, 머리카락을 잡아당겨도 또한 느끼지 못하고 직시하며, 등은 눕고

(마음은) 놀라서 안색은 얼굴 주름을 변하게 하고, 머리카락이 곤두서고 주시하면서 본다. 혹은 약간의 말을 말하기도 한다.

경에서 설한 것처럼, 남은 목숨은 (즉 남은 생의 살)길이 충분하지 못하다. 비유하면 나무 사이의 실화失火와 같다. 또한 여섯 가지 현상에서처럼 듣고 본 것에 대한 말이 없다. (자신도 모르게 죽음이 임박했을 때는 먼저 이상한 징조의 변화가 생기나니) 가령 목욕을 한 몸이거나 목욕을 못한 몸일 때가 있지만, (몸에서 나는 냄새를) 비유하면 전단栴檀의 향기이거나 때로는 꿀 냄새와 같고, 때로는 많은 씨앗의 냄새이고, 때로는 하천의 냄새(那替²⁸香)이고, 때로는 뿌리의 냄새이고, 때로는 가죽 냄새이고, 때로는 꽃향기이고, 때로는 열매 냄새이고, 때로는 굽이진 땅의 냄새이다. 때로는 (숙세의) 숙명이 내심으로부터 일어나 바깥 대상의 이미지의 상(行相)에 따라 근육 냄새·머리칼 냄새·뼈 냄새·피부와 살에 피를 칠한 냄새·대변의 냄새이다. 때로는 솔개 냄새이고, 때로는 새 냄새이고, 때로는 살무사 냄새이고, 때로는 돼지 냄새이고, 때로는 개 냄새이고, 때로는 원숭이 냄새이고, 때로는 쥐 냄새이고, 때로는 뱀 냄새이다. 때로는 어떤 사람을 비유하면 (죽음이 임박하였을 때 들리는 소리가) 때로는 나무를 쪼는 소리이고, 때로는 기와 소리이고, 때로는 거친 소리이고, 때로는 악성(거친 소리)이고, 때로는 기러기 소리이고, 때로는 공작 소리이고, 때로는 북소리이고, 때로는 말(馬) 소리이고, 때로는 호랑이 소리이다.

---

28 那替: 범어 nadī의 음역으로, 하河·천川을 뜻한다.

또한 임박한 죽음의 현상에 (귀에) 익은 말도 있으니, 비유하면 사람이 죽을 때 어떤 죽음의 현상(相)은 입이 맛을 알지 못하고, 귀에선 소리를 듣지 못한다. (몸의 사대가 무너지면서 몸의) 일체가 말리고 오그라지며, 혈맥이 피와 살에 들어가 물이 되고, 뺨이 수레처럼 커지고, 머리를 떨어뜨린 그림자에는 빛이 없다. 팔의 힘살이 곤두서지고, 눈이 검고 피부색이 검고, 대소변이 불통이다. (몸속에서는 뼈) 마디가 잘려지고, 입천장의 살은 더욱더(雙)²⁹ 푸르러지면서 재채기를 해 댄다. 이와 같은 병의 통증의 상은 (죽음이 임박하여) 치유하지 못한다. 설사 명의 편작鶣鵲이라 해도, 또한 일체 좋은 의사와 함께 제사를 지내고 (병자를 치유하고자) 모두 만난다 해도 또한 그것을 치유할 수 없다. 바로 (왕진을 온) 의사는 '이 병의 통증은 목숨을 끊게 하니 응당 피해야겠다.'라고 생각을 하고는 바로 집안사람들에게 "이 병은 (미처) 생각하지 못한 것이고, 응당 마음처럼 (병을) 금하지는(멈추게는) 못합니다. 우리 집에 일이 조금 있어서 일을 마치면 멀리 가야 합니다."라고 말한다. 그리고 병자 모르게 가족들에게 "다시는 치유하지 못합니다."라고 말한다. 말을 하고 나면 바로 (의사는) 간다. 병자의 집안은 이미 의사의 말을 듣고 바로 약 쓰던 일을 포기하고 방편(치료법)을 바로 멈춘다. 친족과 지식(知識, 친인)과 이웃이 함께 상의하고 돌아와 병든 자를 둘러싸고 슬피 울며 쳐다보는 것이, 비유하면 소가 도살장에서 죽자 다른 소들이 죽는 소를 보고 자신에게 미칠까봐 두려워하며 도살장에서 날뛰고

---

**29 쌍雙**: ① 둘을 하나로 묶어 세거나, 둘씩 짝을 이룬 것, ② 가배加培의 의미로 더 증가됨을 뜻한다.

놀라 도망가다 산에 들어가 나무 사이에서 소리를 지르는 것과 같다. 또 비유하면 돼지가 도살장에서 죽자 다른 돼지들이 보고 죽는 것을 두려워하며 놀라 바로 귀를 세우고 움직이며 직시하는 것과 같다. 또 물고기가 그물에 빠져 물고기가 잡히자 다른 물고기들이 보고 놀라 깊이 모래 돌 사이 해조류 속에 들어가 숨는 것과 같다. 또 비유하면 나는 새들이 함께 가다가 새 한 마리를 송골매가 잡으면 다른 새들은 놀라 흩어져 가는 것과 같다. 이와 같이 형제·친족·지식 (친인)·이웃이 보고는 (서로) 헤어지는 것을 슬퍼하며 목숨이 끊어지려는 것을 본다. 지옥의 사자는 이미 당도하여 지옥으로 (이끌려)들어가면 거기서 바로 (병자는) 죽음으로 변하게 되니, (죽음의) 화살은 이미 쏴졌다. (살아생전에 그의) 생사의 행업에서 찾아진 죄로 바로 이끌려 (죽음의) 과거세로 끌려들어간다. 친족들은 이미 머리에 망건을 거둬들여 정리하니, 예컨대 원통해하는 소리가 입안 가득히 멈추지 못하면서 슬픈 말이 나오고 (친족들에 대한) 사랑하는 생각을 보게 한다. 약간의 형제자매의 얼굴에서 눈물이 흘러나오고 불러본들 응당 어찌하겠는가! 병자는 다시 오래가지 못한다.

(임종할 때 4대의 원소로 구성된 우리의 몸) 안을 보면 바람이 일어나니 칼바람(刀風)이라고 하는데, 병자 (몸속의) 뼈마디를 흩어지게 한다. 또 한 가지 바람이 일어나니 돌풍 바람(遽風)이라고 하는데, 병자를 결딴낸다. 또 한 가지 바람이 일어나니 침 바람(鍼風)이라고 하는데, 병자의 근육을 늘어지게 한다. 또 한 가지 바람이 일어나니 뼈를 파괴하는 바람(破骨風)이라고 하는데, 병자의 골수를 상해한다. 또 한 가지 바람이 일어나니 휘몰아치는 바람(藏風)이라고 하는데,

병자의 눈·귀·콧구멍을 모두 푸르게 하고, 모발 일체가 나오고 들어가고 그의 모공을 파괴시켜 끊고 뽑아버린다. 또 한 가지 바람이 일어나니 다시 소용돌이치는 바람(復上風)이라고 하는데, 병자 몸 안의 무릎·옆구리·어깨·척추·가슴·배·배꼽·소복(小腹: 배꼽의 아래 부분)·대장·소장·간·폐·심장·비장·신장도 또한 다른 장기처럼 끊어낸다. 또 한 가지 바람이 일어나니 다시 일으키는 바람(成風)이라고 하는데, 병자의 (이미 변색된) 푸른 피·지방의 기름·대소변이 생겨 익고 뜨겁고 냉하고 떫고 하여 신체를 감퇴하게 한다. 또 한 가지 바람이 일어나니 뼈마디의 사이에 머무르는 바람(節間居風)이라고 하는데, 병자의 골각(骨胳: 목의 뒤쪽 뼈인 후경골)을 직접 뽑아 떨리게 한다. 때로는 수족을 들리게 하고, 혹은 허공에 혹은 일어나게 혹은 앉게 하고, 혹은 신음소리를 내게 하고, 혹은 울게 하고, 혹은 성내게 한다. 이미 뼈마디가 흩어졌고, 이미 결딴이 났고, 이미 근육은 늘어졌고, 이미 골수를 상해했고, 이미 정기·빛 등은 빠져나갔다. 육신의 몸은 (업풍에) 휘둘러 말려졌고, 남은 게 있다면 심장이 이미 냉해져 나무와 같아 5행(색-육신, 수-감수작용, 상-표상작용, 행-의지작용, 식-의식작용)을 버린다. 아울러 심장은 많이 말라서 미세하게 남겨져 있다. 비유하면 등불이 소멸하고 (그림자의) 빛만 남겨져 있는 것과 같다. 심장이 말라 남겨져 있지만, 다만 미세한 의식만은 아직 남아 있다.[30]

---

30 이는 사망의 과정에서 신체가 점점 냉해지면서 최후에는 심장의 작용이 멈춰지는 것을 설명한 것이다. 심장의 멈춤이란 아라야식(ālaya-vijñāna: 윤회의 주체)이 이미 육신을 떠났음을 뜻한다. 중음에서 새로 몸을 받아 새 생명이 시작할

(누구든 임종에 임하게 되면) 사람은 본래 살아생전에 (본인이)
행한 바의 좋고 나쁜 죄와 복을 (자신의) 마음이 바로 알아본다.[31]

때 아라야식(아뢰야식)이 의탁하는 곳이 심장이며, 그다음에 신체의 각 부분에
아라야식 종자가 확산된다고 한다. 생명이 끝날 때도, 즉 사망 시에도 아라야식이
먼저 신체의 각 부분에서 떨어져 나오면서 육신이 점점 냉해지고, 최후에는
심장을 떠나 심장의 활동이 멈춰지고 사망에 이르게 된다. 하지만 신체 부분의
일체 아라야식이 모두 떠나 온몸이 냉하고 심장이 현대의학상으로 멈췄다고
말해도, 만약 아라야식(ālaya-vijñāna)이 조금이라도 남아 있다면 이는 완전한
사망이 아니라고 불교에서는 본다. 그래서 임종 후 망자의 시신을 적어도 8-12시
간 동안은 손을 대서는 안 된다고 한다.

31 이는 죽음이 임했을 때 임종자의 심리상황을 설명하는 부분으로, 역자가 더
설명을 부연하고자 한다. 죽음의 원인에는 세 종류가 있는데, 금생에 갖고
나온 수명이 다되었기 때문이고, 갖고 나온 복이 다 소진되었기 때문이고,
자신의 수명은 아직 다 소진되지 않았는데 공교롭게도 타인에 의해 횡사가
도래되었기 때문에 죽음을 맞는다는 것이다. 임종 때에는 비록 기이한 여러
가지의 심리상태가 나타나지만 그것을 분류해보면 대략 세 종류의 범위이다.
즉 선심善心으로 죽음에 임하거나, 악심으로 임하거나, 선도 악도 아닌 무기심無
記心의 상태로 죽음에 임하는 것이다. 그 원인은 살아생전에 선업만 행했다면
선善의 연緣 때문에 고통 없이 선종으로 죽는 것이고, 생전에 악행만 했다면
죽을 때 악의 연이 만 갈래 길로 쌓여 후회와 큰 고통으로 죽는 것이고, 선도
악도 아닌 무기행無記行으로 살았다면 자연적인 죽음의 상태로 죽는다고 한다.
일상 행위에 있어서 선과 악의 관념을 간략히 말하면, 선이란 즉 이타심利他心으
로 자신은 손해를 보아도 남을 이롭게 한 것(損己利人)이고, 악이란 즉 이기심利己
心으로 자신의 이익만을 취하고 남을 손해 보게 한 것(損人利己)이다. 사실
남을 이롭게 함이 바로 자신을 이롭게 함이고, 남을 손해 보게 함이 바로 자신을
해롭게 한 악인 것을, 일반인들은 그 이치를 잘 모른다. 그래서 중국 속담에 "손해
를 보는 것이 바로 복이다(吃虧便是福)."라고 하였다. 바꿔 말하면 또한 남을
돕는 것이 바로 자신을 돕는 것(助人助己)이다. 역자가 하고 싶은 말은, 누구이든
불자라면 적어도 이기심을 버리고 상대를 배려하고 이타심으로 살기를 바라는

금세에 만약 좋은 행을 했다면 자신의 마음은 바로 기뻐한다. 만약 악했다면 즉시 참회를 한다. (임종의 순간 내세의) 좋은 곳을 얻는 자는 마음이 기뻐한다. (임종의 순간 내세의) 악처에 떨어질 자는 마음이 곧 근심하며 참회를 한다. 비유하면 사람이 깨끗한 거울을 비춰보면 모두 얼굴의 모습을 보게 되니, 머리는 희고 피부는 주름이 생기고 몸은 더럽고 혹은 치아가 빠지고 혹은 치아가 더럽고 몸을 보면 늙었다. 누차 (거울을 비춰 보아도) 이와 같아 곧 스스로 참회하니, 눈을 감고 거울을 놓고 보지 않으려고 한다. 이미 거울을 놓고는 근심한다. 나는 이미 장년이 지나가 늙었고 안색은 추하고 즐거움은 이미 지나갔다. 이와 같이 평소의 품행이 악하였고 마음은 악을 따라 행하였으니 바로 근심하며 후회하고, (살아생전에는) 고뇌를 당하면서도 자책을 생각하지도 못하였다. 지금의 나는 악처에 떨어질 것이 의심의 여지가 없다.

만약 수행자처럼 (신·구·의) 세 가지 행이 좋다면 약간의 행원을 지킨 것이다. 가장 수행을 잘한 자라면 많이 좋아하니, 즉시 좋아하고 기쁨이 많은 마음이며 스스로 기뻐하는 것이, 나는 지금 천상에 가고 또한 (그곳이) 좋은 곳이라고 여긴다. 비유하면 상인이 험난한 길에서 탈출하여 벗어났고, 많은 이익을 얻고 집에 돌아와 대문에 당도한

---

것이다. 사실 매사에 이타심으로 산다는 것은 참으로 어려운 일이지만, 그래도 불자라면 그렇게 노력하면서 살아야 한다. 왜냐하면 이 세상을 떠나갈 때는 자신이 갖고 갈 수 있는 것이 적선積善을 쌓은 선근善根과 음덕陰德뿐이기 때문이다. 일상생활 중 이 적선과 음덕을 쌓음이 바로 넓은 의미로서의 생활 속의 수행이기도 하고, 내세를 보장하는 정도正道인 것이다.

기쁨과도 같은 것이다. 또한 비유하면 농부가 원하는 대로 오곡을
수확하고 집에다 저장하는 것과 같다. 또한 병의 통증을 치유하여
안온을 얻은 것과 같다. 또한 부채를 이미 갚은 것과 같다. 평소의
품행이 좋았다면 또한 이와 같이 좋은 행이 결합하는 것이다. 비유하면
벌꿀이 바로 제7말나식의 사량작용(意生)에서 나는 이미 좋은 곳에
도달했다고 생각하는 것과 같으니, 즉시 몸·정기·의식이 소멸한
가운데 바로 중음中陰인 것이다. 비유하면 하나는 천상이라고 하고,
하나는 인간 아래라고 한다. 이와 같이 (현세의) 죽음을 버리면 태어남
의 종자(중음의 경계에서 아라야식에 저장된 행업의 유전정보)를 받는다.
비유하면 벼를 심으면 뿌리가 쌍으로 나오는 것과 같다. 이와 같이
중음(中時)[32]일 때 의식이 소멸하고, 즉시 중음에서 5음을 구족하여
(전생의 확률이) 적지 않게 태어난다. (중음에서의) 사음死陰은 또한
중음에서 5음을 얻지 못하고 (중음에서 다시) 죽는 것이다. 또한
(중음에서) 죽음을 떠나지 않은 5음은 중음의 5음에 머물러 있음이다.
(다음 생의 새로운) 생유(새로운 생명을 접수할 때)는 단지 (이생의
본유에서) 5음이 죽었기 때문에 (죽음의) 중음에서 5음이 (새롭게)
태어나니, 비유하면 사람이 인장을 갖고 좋은 인주에 찍으면 인주에도
찍힌 형상이 바로 있지만, 찍힌 형상도 역시 (인주에) 옮겨가지 않고

---

32 중시中時: 중음中陰·중유中有·중온中蘊이라고도 한다. 중생의 사유(死有: 사망의
순간)와 생유(生有: 새로운 생명을 접수할 때) 사이의 상태를 말한다, 이는 소위
영혼의 몸이고, 일종에 의식작용의 몸이다. 이 중시(중음)의 기간은 1기期가
7일로서 중음에서 7생을 살고 죽는다하여 7×7=49일간이다. 세칭 49재가 바로
이 중음의 기간을 말한 것이다.

인주에 닿았고 인주도 역시 찍힌 형상을 떠나지 않는 것과도 같다. 비유하면 씨앗에서 뿌리가 생기지만, 씨앗은 또한 뿌리가 아니고 뿌리도 또한 씨앗을 떠나지 않는 것과 같다. 사람의 정신도 또한 그와 같다. 아이이든 어른이든 생명의 법칙이 같아 (이 세상에서) 살다가 죽으면 중음에 이르고, 이로부터 근본 생유(새로운 생명을 접수할 때)를 만나게 된다. (살아생전에) 선(好)을 행한 자는 중음에서 좋은 5음陰을 얻고, 악을 행한 자는 중음에서 악의 (5음을) 얻는다. (중음에서 좋은) 5음을 얻은 자는 (중음 속에서) 천안을 행한다. (또한) 중음에 머무르는 자는 (자연의 정기精氣에 의해) 3식食을 하니, 즉 낙樂·염念·식識이다. 중음에 머무르는 자는 혹은 1일을 머무르거나 혹은 7일을 머무르고 끝나면 (내생의 새로운 자궁 속) 부모와의 만남에 도달하지만, 또한 (전생轉生을 해도 역시) 떨어질 곳은 중음에서의 머무름이다. 응당 떨어져야 할 곳에 이르게 되면, 즉 죽었을 때 이미 중음 속에 태어났으니, 바로 (윤회전생을) 1,000번을 생각하고 태어났어도 혹은 생각해 보면 바로 어리석음에서 태어난 것이다.

　(살아생전에) 최고의 악을 행한 자는 바로 자연히 큰불 근처인 것이다. 또한 약간은 백천 번이나 까마귀·송골매와 함께 만나 또한 사람을 보면 사납게 얼굴을 잡고 이빨로 먹는데, 그다음은 머리이고, 손에서는 약간의 독으로 (악)행을 한다. 몸은 스스로 먼 산림을 바라보지만, 바로 (그의) 아라야식의 심식心識에 의존한 생명의 생기(意生)가 중음에 들어가면 곧 중음신中陰身이 소멸하면서 태어날 곳에 떨어지고 즉시 머지않아 바로 칼로 나뭇잎을 치는 걸 보며 그곳에 떨어지니,

이를 지옥이라고 한다.

　(중음의) 5음에서 태어나도 (살아생전의) 죄에 들어가고 모두 악을 행한 것이니, 바로 (행업의 인과론에서 임종의 찰나에 바로 이어진 중음의 경계를) 보면 맹렬한 연기·먼지·불·바람·비가 와서 몸에 붙는다. 다시 보면 코끼리·사자·호랑이·살무사인 자신의 몸을 두려워한다. 또 보면 언덕과 우물이 또한 합쳐진 뒤이고, 또한 절벽·벼랑·언덕에 머물러 있다. (그의) 제7말나식의 사량작용(意)이 생겨 중음에 들어가면 바로 중음의 몸을 버려 (그의) 아라야식의 심식心識에 의존한 생명의 생기가 곧 소멸하면서 중음에서 떨어질 곳에 태어나니, 즉시 머지않아 축생에 이른다. 후에 현행現行33이 매우 어리석어 예의가 없고, 악의를 갖고 (내생의 새로운 자궁 속) 부모를 향한다. (살아생전에) 항상 거친 말을 즐기고 성내고 포박과 채찍을 하고 악을 행한 것이다. 이런 사람은 선택의 여지가 없이 곧바로 축생에 떨어진다.

　(축생에서) 죄가 가벼워져 감해지면 바로 열풍熱風이 생기며 목숨은 굶주리고 괴로워하며 몸에 칼과 창이 꿰뚫고 감는다. (설령 중음에

---

33 현행現行: 개체의 생사윤회(saṃsāra)의 주체인 아라야식(ālaya-vijñāna)에 들어 있는 삼계의 일체 종자인 모든 정보의 종자는 곧 일체 법을 생기生起할 수 있는 능력이 있다. 아라야식의 종자는 모든 행업의 정보를 모두 갖고 있는 잠재능력(potentiality)의 상태이고, 일체 법은 그 현실(act)의 상태이다. 바로 잠재의 상태에서 실현의 상태로 변하면 이를 현행이라고 한다. 단 현행은 연(緣, 후천적 조건)과의 결합이 필요하며 그것으로 인해 비로소 실현을 시키고 각 개체의 현실을 나타낸다. 그러므로 유식학에 의하면 일체 현상은 모두 아라야식에 의해 변현變現으로 나타난 잠정적인 존재에 불과한 것이다.

서 중음신(中陰身이) 사람으로 되돌아오려고 해도 또한 (중음에서) 큰 구덩이를 보고 (그의) 아라야식의 심식心識에 의존한 생명의 생기가 응당 들어가지만, 그것은 곧 (그의) 아라야식의 심식에 의존한 생명의 생기가 바로 중음에서 소멸하면서 떨어질 곳의 5음을 받고 즉시 아귀에 떨어진 것이다. 이와 같이 떨어지면 아귀라고 한다. 말과 행에 있어 두 비천한 도적인 사람이 함께 말을 하고, 또한 비방의 말로 훈계를 잃고, 무고하게 거짓된 논의를 한다. 일체의 나쁘고 더러운 것을 가리지 않고 먹는다. 선善에 되돌아와도 법에 대한 말씀을 행하지 않고 바로 사납게 피와 침이 끓어오르는 흙에 떨어진다. 이를 아귀처에 떨어졌다고 한다.

(살아생전에) 행이 최고로 좋았던 자는 (중음에서 중음신中陰身 antarā-bhava이) 최고 선善의 즐거움을 얻고, 또한 향기로운 바람이 불어주고 몇 가지 꽃들이 자신의 몸에 뿌려지는 것을 보며, 약간의 (몇몇)종류의 기악소리가 서로 어우러지기도 하는데, (중음에서 중음신中陰身이) 여러 가지 나무가 있는 정원에 (그의) 아라야식의 심식에 의존한 생명의 생기가 (그 정원에) 들어갈 때 (그) 마음이 이미 (들어갈 마음을) 내면 바로 중음은 소멸하면서 응당 떨어질 곳의 5음을 받고 태어나니, 바로 즉시 천상의 몸을 받는 것이다. 이와 같이 천상에 떨어지니, (살아생전에) 복이 있는 행(이타행)을 한 자는 응당 천상에 떨어진다. 이미 (임종 후 바로 중음과 동시에 천상에) 있고 법을 떠나지 않으니, 이것이 천상의 종자이다.

만약 (인간계의) 사람으로 떨어진다면 본유(本有: 현세의 출생에서 사망 전까지의 생존)의 행에서 재앙과 복을 받는다. 부모도 또한 (숙세

의 인연에 의해) 모여 만난 것이다. (예컨대) 본래의 행은 응당 남자로
태어나야 하며 복도 또한 함께 머무르니, 동시에 부모의 수정란 포문
(胞門: 해산하는 산모의 음부)이 견고하지 못해도, 풍風으로 덥거나
차갑거나 또한 오염되지도 않고 또한 삿되지도 않고, 또한 번잡하지도
않고 또한 힘들지도 않고, 또한 즙汁이 아니면 먹을 생각을 일으키지도
않고, 거만하지도 않고 포문(산문)을 죽이지도 않는다. 또한 밤톨같이
생기지도 않았고, 둥근 바퀴같이 생기지도 않았고, 또한 살쾡이같이
생기지도 않았고, 또한 보리같이 생기지도 않았다. 중앙은 또한 강철
같이 생기지도 않았고, 중앙은 또한 가느다란 삼배같이 생기지도
않았고, 중앙의 일체 문에는 나쁜 정충(精)도 없고, 또한 엷지도
않고, 또한 두텁지도 않고, 또한 썩지도 않고, 또한 검지도 않고,
또한 붉지도 않고, 또한 누렇지도 않다. (자궁벽의) 살에 붙어도
또한 흩어지지 않는다. 또한 바람에 피가 춥거나 덥거나 잡스럽지도
않고, 또한 정충이 소변에 합쳐지지도 않는다. (중음에서 중음신인
아라야식의) 정신은 이미 정충에 머물렀고[34] (아라야식) 정신의 생각

---

34 '중음신의 정신이 이미 정자에 머물러졌다'는 숙세 행업의 일체 종자가 모두
   자동으로 저장된 아라야식(ālaya-vijñāna: 창고식倉庫識, 윤회의 주체)이 중음의
   경계에서 새로운 태생을 찾고자 인과因果의 업풍에 의해 정자에 들어갔다는
   의미이다. 현대의학에 의하면 정자는 DNA를 난자에 운반하는 사명을 갖고
   있는데, 바로 정자의 머리 부분에 꽉 차 있는 모든 유전정보를 난자에게 갖다
   주는 역할이라고 한다. 인연에 의해 하나의 정자와 하나의 난자가 결합하여
   수정되는 동시에 이 모든 숙세의 유전정보가 그대로 수정란에 전해져 배아의
   상태에서 태아(실은 태아 자신이 전생에 지은 행업의 일체 종자를 갖고 온 것)로
   태궁에서 성장하여 다음 생(출생 후)에 이어지니, 인과의 인연에 의해 삼세(과거·
   현재·미래)의 행업이 인과응보로 지속되는 것이다.

이 (수정란을) 향해 들어가면 마음에 욕심이 생긴다. 다시 남자이면 자신의 몸을 대신해 이긴 사람(승리한 정충)과 함께 즐거워한다. 이긴 사람(승리한 정충)은 바로 아버지를 싫어하고 어머니를 좋아한다. 이미 좋아하고 나면 (승리한 정충은) 아라야식의 심식에 의존한 생명의 생기가 (다시) 증가하는 것을 좋아하지 않는다. 응당 다시 남자이면 혼자 이긴 사람(승리한 정충)과 함께 즐거워한다. 이미 포문(胞門: 즉 산문産門)에 멈춰져 (승리한 정충의) 아라야식의 심식에 의존한 생명의 생기는 이미 남자인 것이다. 자신은 이미 이겼으니 예의를 행하면서 부모님에게로 (향하니) 즉시 수정란에 떨어진 것이다. 정신은 곧 아라야식의 심식에 의존한 생명의 생기로 (수정란에) 이르면 그것이 나의 정충이니, 즉 마음에선 기쁨이 생긴다. 이미 기쁨이 생겼다면 (중음신의) 자취는 소멸하고 바로 정혈精血에 태어난 것이니, (정혈에 태어난 아라야식의) 의식은 정충에서 태어나 또 좋아하고, 좋아하는 의식은 (다른) 정충에 떨어지지 않는다. 다만 본래 더 좋아하는 의식만 생긴다.

수정란이 바로 태아의 몸이다. 좋아하는 것은 (수정란 내에 있는 심근心根의) 정精에서 생기며, 그것이 감수작용이니 이미 정精인줄 안다. 정精이란 표상작용이 근본인 것이다. 의지의 생각은 욕구의 의지작용이다. 이미 정精을 알았으면 의식작용이다. 이것이 5음(五種)의 요지이니, 즉시 (중음에서 아라야식으로 형성된 중음신이 새로운 내생의 태胎를 찾아 정혈에 태어났을 때 신근과 심근의) 두 가지 근根을 얻는다.

(그러므로 처음 수태의 태내에서) 신근身根과 심근心根이 수정에서

이미 7일간(1주)³⁵이 되었어도 감소하지 않는다. 2×7=14일(2주)³⁶이면 수정에서 분할된 세포덩어리가 모인 영양막이 생기니, 엷기가 마치 진한 유즙乳汁에 떠있는 표피의 기름과도 같다. 3×7=21일(3주)³⁷이면 수정에서 이미 배아로서 응결하니, 마치 그릇 안에 있는 오래된 유즙(내·외배엽 및 중배엽이 형성)과 같다. 4×7=28일(4주)이면 수정에서 배아로서 점점 단단해져 마치 진한 유즙이 형성된 것과 같다. 5×7=35일(5주)이면 수정에서 배아로서 변화하여 마치 발효된 유즙(酪酥)과 같다. 6×7=42일(6주)이면 (배아는) 마치 발효된 유즙처럼 변화하여 단단하게 응고한다. 7×7=49일(7주)이면 (배아는) 변화하여 단단하게 응고하고 저장한 것과 같으니, 비유하면 잘 익은 검은 보리죽과도 같다. 8×7=56일(8주)이면 배아에서 태아로 변화하

---

35 불교에서는 태아가 모태에서 출생하기까지를 266일간으로 보며, 그 태내의 생장과정을 다섯 단계로 나눴는데 이를 태내5위胎內五位라고 한다. 그 첫 번째 단계를 까라라(kalala: the embryo a short time after conception)라고 하는데, 이는 응활凝滑이라는 의미로서 하나의 정자와 하나의 난자가 결합한 후 정자에 있던 아라야식의 모든 유전정보가 전달되어 수정된 첫 번째 7일간이다. 이때는 이미 ①명命, ②난暖, ③식識의 세 가지 생명의 요소를 갖고 있기 때문에 신근身根(kāya-indriya)과 심근心根(manas-indriya)이 늘지도 않고 줄지도 않는 상태이다.

36 태내5위 가운데 두 번째 단계로 알부다((arbuda: a long round mass(said especially of the shape of the foetus in the second half of the first month))라고 하는데, 이는 포결皰結이라는 의미로서 수정란이 부풀어 커지면서 배아를 점점 형성해 가는 과정으로 두 번째 7일간이다.

37 태내5위 가운데 세 번째 단계로 뻬시(peśi: the fetus shortly after conception)라고 하는데, 이는 피와 살의 응결凝結이라는 의미이고, 세 번째 7일간이다.

여 마치 검은 보리죽이 소멸한 것과 같으니, 비유하면 태아로서의 단단함이 마치 돌멩이를 맷돌에 간 것과 같다. 9×7＝63일(9주)이면 이미 태아로서의 뼈의 조직은 돌멩이를 간 것 같은 단단한 상태에서 다섯 가지 뼈(五膵)가 생기니, 두 어깨의 형상·두 정강이의 형상·하나의 두상頭相이다. 10×7＝70일(10주)이면 또한 태아 뼈의 조직은 돌멩이를 간 것 같은 단단한 상태에서 4지(四肘)가 생기니, 두 손의 상과 두 발의 상이다. 11×7＝77일(11주)이면 또한 태아 뼈의 조직은 돌멩이를 간 것 같은 단단한 상태에서 24지(二十四肘)가 생기니, 즉 (태아로서의 모든 형상을 갖추게 되니) 10개의 손가락의 상이고, 10개의 발가락의 상이고, 4개는 귀·눈·코·입이 머무르는 곳의 상이다. 12×7＝84일(12주)이면 4지와 24지(肘)가 정상적이다. 13×7＝91일(13주)이면 복부의 상이 나오기 시작한다. 14×7＝98일(14주)이면 심장·비장·신장·간장이 생긴다.[38] 15×7＝105일(15주)이면 대장이 생긴다. 16×7＝112일(16주)이면 소장이 생긴다. 17×7＝119일(17주)이면 위胃가 생긴다. 18×7＝126일(18주)이면 오장·폐장·육부가 (갖춰져)생장한다. 19×7＝133일(19주)이면 넓적다리·무릎·발·팔·손바닥·손발의 뼈마디들·발뒤꿈치가 합쳐진다. 20×7＝140일(20주)이면 음부·배꼽·유방·목·목덜미가 형성된다. 21×7＝147일(21주)이면 골수가 응당 나눠져 생기니, 9개의 뼈는 머리에 붙고[39], 2개의 뼈는 뺨에 붙고, 32개의 뼈는 입 주변에 붙고, 7개의 뼈는 인후(목뼈)에

---

38 본 경전의 원문에는 "心脾腎肝心生"이라고 표기하여 "心"이 중복되어 있어서, 역자는 끝의 "心"자를 생략하고 번역하였다.

39 단 『수행도지경』에선 "두 개의 뼈가 머리에 붙는다."라고 하였다.

붙고, 2개의 뼈는 어깨에 붙고, 2개의 뼈는 팔에 붙고, 40개의 뼈는 팔뚝에 붙고, 12개의 뼈는 무릎에 붙고[40], 16개의 뼈는 갈빗대에 붙고, 18개의 뼈는 등뼈에 붙고, 2개의 뼈는 목구멍(喉)에 붙고, 2개의 뼈는 엉덩이뼈(엉치뼈와 꼬리뼈)에 붙고, 4개의 뼈는 정강이(정강이뼈와 종아리뼈)에 붙고, 14개의 뼈는 발에 붙고[41], 108개의 미세한 뼈들이 근육 속에 생긴다. 이와 같이 대략 300개의 뼈마디들이 미세하게 온몸 속에 붙는데, 비유하면 서로 연결되는 뼈들의 유연함이 마치 처음 생긴 박(瓠)과도 같다. 22×7=154일(22주)이면 뼈들이 점점 단단해져, 비유하면 거북이의 등과 같다. 23×7=161일(23주)이면 뼈[42]들이 다시 더 단단해지는데, 비유하면 두꺼운 호도胡桃 껍질과 같다. 이것은 대략 300개의 뼈마디가 서로 연결되어 붙은 것이다. (예컨대) 발뼈는 장딴지와 장腸에 연결되고 장딴지와 장腸은 엉덩이뼈에 연결되고, 엉덩이뼈는 척추와 허리뼈에 연결되고, 그리고 어깨에 연결되고, 어깨는 목과 목덜미(脰)에 연결되고, 목과 목덜미는 머리와 턱에 연결되고, 머리와 턱은 치아에 연결된다. 이와 같이 뼈(bone)가 모여 큰 단단한 뼈들(skeleton)이 모인(磈礧) 성城(뼈대로 이루어진 온몸을 비유)이 되며, 근육은 피를 감싸고 살에 수분을 주고 피부를 덮고 윤택하게 해준다. 원래 전생의 죄와 복福으로부터 여기에 이르지만, (이처럼 뼈대로 이루어진 몸은) 느낌이 없어져 통양(痛痒:

---

40 단 『수행도지경』에선 "네 개의 뼈가 무릎에 붙는다."라고 하였다.

41 단 『수행도지경』에선 "40개의 뼈가 발에 붙는다."라고 하였다.

42 본 경전의 원문에선 "정精"이라고 표기했는데 앞뒤의 내용상 "골骨"의 오자 같고, 또한 『수행도지경』에서도 "골骨"로 표기하고 있어 "뼈"로 번역하였다.

감각적인 느낌)을 모르고 (심근心根의) 마음을 따라 업의 바람을 따라 광대처럼 업풍에 이끌린다. 24×7=168일(24주)이면 7,000개의 근육들이 몸을 감싼다. 25×7=175일(25주)이면 7,000개의 맥이 생기지만 완전하게 갖추지는 못하였다. 26×7=182일(26주)이면 모든 맥이 모두 철저하게 갖추어져 성취되며 마치 연꽃뿌리의 구멍과도 같다. 27×7=189일(27주)이면 대략 360개의 뼈마디를 (모두 완성하여) 갖춘다. 28×7=196일(28주)이면 피부 밑 지방 살이 생기기 시작한다. 29×7=203일(29주)이면 피부 밑 지방 살이 점점 단단하게 이루어진다. 30×7=210일(30주)이면 피막皮膜에 피부 밑 조직(지방조직)(膿)이 형성된다. 31×7=217일(31주)이면 피막이 점점 단단해진다. 32×7=224일(32주)이면 궁둥이 안의 지방 살이 생긴다. 33×7=231일(33주)이면 귀·코·배(복부)·비장·심장을 지방이 감싸고(脂)[43] 뼈마디가 합쳐지고 진맥이 나타난다. 34×7=238일(34주)이면 몸속의 피부 바깥 표면에 99만개의 모공이 생긴다. 35×7=245일(35주)이면 99만개의 모공이 점점 완성되어 나타난다. 36×7=252일(36주)이면 (완전한) 손발톱으로 자란다. 37×7=259일(37주)이면 어머니 뱃속에서 약간의 업풍의 바람이 일어나니, 혹은 업풍의 바람이 일어나 눈·코·입을 열리게 하고, 이미 열려졌다면 업풍의 바람이 들어간다. 혹은 다시 업풍의 바람으로 미세한 물질(塵)[44]이 일어나 머리털·손톱

---

43 지脂: 『전한오행지前漢五行志』에 의하면 "사람의 뱃속에 있는 지방이나 심장을 감싸고 있는 것이 지脂이다(在人腹中肥而包裏心者脂也)."라고 하였다.

44 진塵: 범어 rajas의 의역으로, ① 감각이나 사유의 대상으로, 즉 세상의 사물이나 물질을 뜻한다. 『구사론』에서는 여러 종류로 진塵을 분류하였는데, 진塵의 의미

을 단정하게 생기게 하지만, 또한 (숙세에서 행한 업에 의해) 단정치 않기도 하다. 혹은 다시 업풍의 바람이 일어나 살색을 이루게 하니, 혹은 희고 혹은 검고 혹은 누렇고 혹은 붉어 좋기도 하고 좋지 않기도 하다. 이 7일간에 뇌腦·피·지방·골수가 덥기도 하고 차기도 하면서 눈물·대소변의 비뇨 통로가 열린다. 38×7=266일(38주)이면 어머니 뱃속에서 업풍의 바람이 일어나 숙세에서 행한 선·악대로 (태내에서 태아(fetus)로 발육하여 신생아(new born infant)의 몸을) 완성하게 된다. 만약 (숙세에서) 선한 행을 한 자라면 바로 향기의 바람이 일어나고, 몸과 마음이 단정한 사람이 된다. 악을 행한 자라면 냄새나는 바람이 일어나 몸과 마음이 불안하고 사람 같지 않다. (숙세에서 행한 악업으로 그) 골절이 단정치 못하여 혹은 잔뼈로 절름발이고, 혹은 곱사등(또는 난쟁이)이고, 혹은 팔목이 혹은 추인醜人한테서 볼 수 있는 그런 것이다. 38×7=266일[45]은 9개월에서 4일이 부족하지만, 골절을 모두 (완전하게) 구족한다.

태아는 숙세에 행한 두 가지 부분이 있어서 태어난다. (숙세의 행업에 의해) 한 부분은 아버지를 따르고, 한 부분은 어머니를 따른다. 또 때로는 모발·혀·목구멍·배꼽·심장·간·비장·눈·등뼈의 끝·피는 어머니를 따르지만, 혹은 손발톱·뼈·대소변도 (어머니를) 따르기

---

는 미세한 물질을 뜻한다. ②진塵은 구역舊譯이고, 신역新譯으로 경境 혹은 경계境界라고도 한다. ③진塵은 항상 머무르지 못하고 움직이며 다른 물질에 들러붙는 더러운 오염의 뜻으로 보았기 때문에 "번뇌"를 비유하기도 한다.

45 본 경전에서는 태아의 출산일을 38주 266일로 산정하였지만, 현대의학에서는 40주 280일로 산정하기도 한다.

도 한다. 맥脈·정精·약간의 나머지 골절은 아버지를 따른다.[46] (아라야식에 저장된) 숙세의 행업은 어머니로부터 태어나게 되면 (한생을 지내는 과정 중에 모두 과보를) 받게 된다.

(어머니 뱃속에서 자궁은) 오장의 아래와 육부의 위에[47] 있으며, 남아는 (어머니의) 왼쪽 옆구리에서 등을 앞으로(바깥쪽으로) 향하고 배는 뒤쪽(안쪽)으로 향하며, 여아는 (어머니의) 오른쪽 옆구리에서 배를 앞으로(바깥쪽으로) 향하고 등은 뒤쪽(안쪽)으로 향한다. 머무르는 곳은 냄새나고 더럽고 일체가 골절이다. (태아는 자궁의) 가죽주머니 속에 둘려 말려져 움츠리고 있으며, 뱃속의 피가 몸에 붙어 있고, 바깥쪽은 대변처處로서 지방으로 생겼다(肥長).

(태내의 태아는) 9개월 가운데 나머지 4일 중의 1~2일에 만약 숙세의 행이 선하다면 바로 제7말나식의 사량작용이 '나는 정원에 있다고 생각하거나 가령 천상에 있다.'라고 생각한다. 만약 (숙세에) 악을 행한 자라면 제7말나식의 사량작용이 '나는 지옥에 머무른 지 2일이다.'라고 하지만, (태아의) 마음에서는 3일간 있는 것이다. 즉 어머니 뱃속에서 즐거움이 3일이면 (태아의) 마음에서는 4일간 있는

---

46 단 『수행도지경』에선 "몸의 모든 모발·뺨·눈·혀·목구멍·심장·간장·비장·신장·대장·소장·피 등 부드러운 것은 어머니를 따르고, 손톱·발톱·치아·골절·수뇌(골수와 뇌)·근육·맥脈 등 단단한 것은 아버지를 따른다."라고 하였다.

47 본 경전의 원문에선 "육부의 아래 오장의 위에 있다."라고 표기하였는데 『수행도지경』에선 "어머니 뱃속에서 태아의 위치는 오장의 아래에 육부의 위에 있다."라고 하였다. 역자는 후자가 좀 더 타당성이 있어서 후자를 선택하여 "오장의 아래에 육부의 위에 있다."로 고쳐 번역하였지만, 사실 태아의 위치는 모체의 방광과 직장 사이에 위치한 자궁(포궁)에서 성장한다.

것이다. (4일에 이르렀을 때) 하루 낮 하루 밤 동안을 어머니 뱃속에서 위아래로 업풍의 바람이 일어나 태아는 이 바람을 따라 거꾸러지면서 머리가 아래쪽으로 향하고, 발은 위쪽으로 향하여 어머니의 포문(胞門: 산모의 음부) 속으로 빠진다. 숙세의 행이 선하다면 어머니의 포문 속에서 (태아의) 제7말나식의 사량작용이 연못의 물에 들어가 연못의 물속에서 놀고 있다고 생각한다. 또 (태아의) 제7말나식의 사량작용이 높은 침상 위나 혹은 꽃향기 속에 있다고 생각한다. 숙세의 행이 악한 자이면 (태아의) 제7말나식의 사량작용이 (높은) 산에서 떨어져 나무 위에 걸쳐 있거나, 언덕 위에 떨어졌거나, 구덩이 속에 떨어졌거나, 가축우리에 떨어졌거나, 가시덤불에 떨어졌거나, 그물에 떨어졌거나, 새끼줄 속에 떨어졌거나, 칼·창의 경계 속에 떨어졌다고 생각하고, 근심 고뇌를 하며 다급한 행이다. 또한 기쁨을 따르든 즐거움을 따르든 훌륭한 명문이든 선악의 행이든, (이 모든 행들이) 스스로 몸을 결박하여 도착한 곳(어머니 뱃속의 자궁)에서 스스로 또 (신생아의 몸으로) 완성시켜 바로 세상에 나오는 것이니, 이미 포문에 이르렀다면 감싸여진 안쪽에선 출산할 문을 급히 압박하여 태아를 땅에 떨어지도록 (업풍의) 바람이 다시 분다. 사람들은 (포문을 나온 신생아를) 따뜻한 물로 손과 더러운 몸을 씻기지만, 신생아의 몸은 온통 고통이며 (태내에서 묻혀 나온 것이) 마치 부스럼과도 같다. 이로부터 바로 숙세의 행을 잊게 되나니, (태어나기 직전 바로) 뱃속에서 바뀌는 것이다.

태어나고 나면 피 냄새 때문에 바로 삿된 귀매가 모여들고, 죽은 시체의 각 귀매귀신들이 날아와 닿고, 각 가물귀신들로 악한 도깨비·

헛된 도깨비가 온다. 아버지한테도 또한 그와 같다. 비유하면 네거리에 하나의 살코기가 있다면 매·솔개·오작(까막까치)의 새무리들이 다투면서 각각 얻으려고 하지 않겠는가? (삿된 귀매들이) 사람을 둘러싸고 힘들게 하는 것도 그와 같으니, 숙세에 선을 행한 것이 있는가? (그렇다면 삿된 귀매들이 와서 감히) 붙지를 못한다. 숙세에 악을 행했는가? 능히 (삿된 귀매들이 와서) 붙게 된다.

(태아가) 태어나면 오래지 않아 어머니는 바로 젖으로 키우고, 점점 성장하여 바로 음식을 먹는다. 음식을 먹게 되면 80종류의 세균류[48]가 몸속에서 생긴다. 2종류는 머리털 근(髮根)에 생기고, 3종류는 머리에 붙는다. 1종류는 뇌에 붙고, 2종류는 중뇌(간뇌와 소뇌 사이에 있는 뇌의 한 부분)에 붙는다. 3종류는 이마에 있다. 2종류는 안근眼根에 붙는다. 2종류는 귀에 붙고, 2종류는 이근耳根에 붙는다. 2종류는 비근鼻根에 붙는다. 2종류는 입에 붙고, 2종류는 치아에 있고, 2종류는 치근齒根(치아뿌리)에 붙고, 1종류는 혀에 있고, 1종류는 설근舌根(혀뿌리)에 붙고, 1종류는 입천장 위에 붙는다. 1종류는 목구멍에 있다. 2종류는 무릎 아래에 있다. 2종류는 비근臂根에 붙는다. 2종류는 손에 있다. 1종류는 팔꿈치에 붙는다. 2종류는 비장에 붙는다. 1종류는 심장에 붙는다. 1종류는 유근乳根에 붙는다. 1종류는 척추근(脊根)

---

48 본 경전뿐만 아니라 여러 불경에 의하면, 석가모니부처님께서는 이미 3,000년 전에 우리 몸의 오장에는 40종류의 세균류가 있고 또한 육부에도 40종류의 세균류가 있어 몸에는 모두 80종류의 세균류가 살고 있는데, 오장에서는 각 한 종류마다 80억 개의 세균들이 살고 있고, 육부에서도 각 한 종류마다 3억 개의 세균들이 살고 있다고 하셨다. 또한 우리의 몸은 세균덩어리로 마치 세균들이 모여 있는 집합체와도 같다고 비유하여 설하셨다.

에 붙는다. 2종류는 옆구리에 붙는다. 2종류는 등에 붙는다. 1종류는
배꼽 근根에 붙는다. 1종류는 피부에 붙고, 2종류는 근육 살에 붙는다.
4종류는 뼈에 붙고, 5종류는 골수에 붙는다. 2종류는 대장에 붙고,
2종류는 소장에 붙는다. 1종류는 더운 곳에 있고, 1종류는 찬 곳에
있다. 1종류는 대변의 통로에 있고, 3종류는 대장의 근根에 붙는다.
2종류는 엉덩이 근에 붙는다. 5종류는 음근(陰根: 생식기)에 붙는다.
1종류는 손발가락의 마디가 합쳐진 곳에 붙는다. 1종류는 정강이에
있다. 1종류는 무릎 위에 있다. 1종류는 발뒤꿈치에 있다.

　이와 같은 80종류의 세균류가 (오장과 육부와) 온몸 속에 붙어
있어 낮과 밤으로 몸을 먹는다. 몸에는 바로 한병(寒病: 냉기를 수반하
는 병)·열병(熱病: 고열을 수반하는 병)·풍병(風病: 호흡 및 혈관과
신경계통의 탈로 생기는 온갖 병)이 각각 101가지씩이고, 복합적인
나머지 병이 다시 101가지가 있다. 이와 같이 합쳐 404가지 병이
몸속에 있는 것이다. 비유하면 나무속에서 불이 나와 다시 나무를
태우는 것처럼 병도 역시 몸에서 생기니, 그와 같아 단지 몸만을
파괴하는 것과 다를 게 없다. 이와 같이 (몸)안에서 파괴되어 병이
되니, 또한 그걸 다시 묻지 말라.

　외부(외적인 환경)로부터 고뇌를 당하게 되면 항상 (몸과 마음을
상해하여) 파괴하고 금세에 고뇌를 하니, 현재의 몸이 항상 쇠퇴해지
는 것이다. 세상 사람으로 (이런 이치를) 듣지 못한 자이면 마음은
(자신의) 몸을 즐거움으로만 생각하니, 다만 지성至誠으로 보지 못하
기 때문이다. 모발·손톱·치아·심장·살·근육·뼈·맑은 피로 따뜻해
도 고뇌하고, 오장·육부·눈물·침·똥·오줌이 몸에서 흐르고 무상(非

常)하고 또한 더럽지만 어리석은 사람들은 (자신의 몸을) 깨끗하다고 생각한다. (신생아의 몸으로 태어나게 되면) 모든 아이들은 움직이도록 근육이 결합되어 만들어진 것이 마치 하나의 신(酸) 대추처럼 몸 안에 (조직이) 쌓여져 붙은 것이다. 이와 같으므로 마치 신맛의 대추 같은 근육의 몸이다. 어리석어서 (이런 이치를) 듣지 못한 세상 사람들은 조화로운 몸을 얻고서는 자신이 (상해하여) 파괴하고 고뇌에 빠진다. 비유하면 물고기는 다만 먹이만을 보지 갈고리를 보지 못하고 그물도 보지 못하는 것과 같다. 또 비유하면 아이가 날카로운 칼날의 꿀을 혀를 대고 핥으면서 다만 단맛만을 좋아하고 칼날을 보지 못하는 것과 같다. 또 비유하면 금에다 동을 섞어 칠하고 사람을 속여 파는 것이거늘, 어리석은 사람은 모르고 순금인줄 알았기 때문에 샀지만 자신이 속은 것과 같다. 이와 같이 세상 사람들은 혹은 마치 신맛의 대추 같은 피부 근육의 몸을 보면서도, (또) 약간의 고뇌를 당하면서도 느끼지 못하는 것이다. 이와 같이 (비유하자면 마치) 신맛의 대추 근육의 몸이 일어나서 가는 것이지만, 다만 살·뼈·피만 (알고) 있는 것이다. 사람의 발은 항상 악을 밟고는 감히 보지 못한다. 누가 감히 (악을) 품어 안고 갖는 자이겠는가! 평소의 품행이 재앙과 복을 이미 다 (소모하여) 없앴다면 때로는 횡사로 목숨을 다하기도 한다. 마치 도공이 옹기를 만드는 것처럼, 때로는 (물레를) 잡고 있고 혹은 밀고 있고 혹은 돌리는 행을 하는 것이다. 혹은 이미 행을 하고 났다면 혹은 (물레를) 본격적으로 돌리는 때이고, 가마의 아궁이에 넣고 불을 땔 때이고, 혹은 이미 구워져 나올 때이고, 혹은 쥐서 사용할 때에는 당연히 (언젠가) 파괴될 것이다. 사람의 몸도 또한 그와 같아서 혹은 (어머니의 태내) 뱃속에 떨어졌어도 혹은 (태아의) 몸을 형성시키지 못하고 죽고, 혹은 몸을 갖추지 못하고 죽는 것이다. 혹은 태어날 때에 죽고, 혹은 살만하면 죽고, 학업을 할 때 죽기도 한다. 때로는 16세에서 38세·100세까지 이르기도 한다. 혹은 (수명이) 오래오래 가지 못할 뿐만 아니라 (필연적으로) 죽어야만 하는 것이다. (우리들 육신의) 5음은 이와 같이 오래 가지 못하게 정해져 있다. 태어남이 있으면 즉 소멸(죽어야)하는 것이니, 발을 들어도 소멸하고 발을 내려도 소멸한다. 세상 사람으로 (이런 이치를) 듣지 못한 자이면 "자신이 어릴 때의 몸, 장년일 때의 몸, 노년일의 때 몸, 그것을 내 몸이다."라고 생각한다. 불도를 행하는 자의 마음은 다르다. 불도를 행하는 자는 옳음을 따르면 옳음이 있고 옳음이 없음을 따르면 옳음이 없는 것이니, 옳음을 따라야만 옳음인데 어찌 죄를 따라 행하고 죽음에 처하겠는가! 중음의 의식으로부터 (새로 태어남의) 업에 떨어지지만 (업이) 엷어도 엷음이 응결되고, 응결이 점점 단단해져 6근이 된다. 6근으로부터 바로 태어나게 되니, 아이의 몸으로 태어난다. 아이의 몸은 장년으로 성장하고, 장년에서 노년이 되어 늙고 병들고 죽는 몸이 되니, (인간의 생로병사의 여정은) 이와 같음이 항상 뒤따른다. 이와 같이 세상의 수레는 끊임없이 소속된 바가 없이 공이고 허깨비를 쫓는 것처럼 (윤회전생을) 멈추지 못한다. 비유하면 성 안에서 불이 일어나 불길의 바람이 집으로 불어 집들이 서로 태우는 것과 같다. 첫 번째 집의 불은 두 번째 집의 불이 아니다. 또한 다만 위의 집만 탈 뿐만 아니라 다음의 집도 또한 탄다. 이와 같이 돌아가며 생사윤회를 끌어오는 것이 또한 그와 같다. 이 (생사윤회의) 인연은 옳음이 없으면 또한 옳음이 없고, 옳음이 소멸하면 옳음도 또한 소멸하는 것이다. 무엇이 옳음이 없으면 또한 옳음이 없는 것인가? 평소의 품행(素行)에 재앙과 복이 없으면 죽음에서도 또한 (그 재앙과 복이) 없는 것이다. 이미 (재앙과 복이) 없는 중에 응당 그런 것을 얻고 가겠는가! 이미 갈 것이 없는데 응당 그런 것을 얻고 태어나겠는가! 이미 태어날 것이 없는데 응당 그런 것을 얻어 늙고 병들고 죽겠는가! 생사(삶과 죽음)는 흐르는 물과 같아서 생사의 업을 행하지 않으면 바로 (생사윤회는) 멈추는 것이다. 불도를 행하는 자는 마땅히 5음은 본래부터 생멸生滅인 줄 알아야 한다.

이는 수행의 차제 행에서 5음에 대한 성패를 설한 장章이다.

## 道地經五種成敗章第五

已知要得佛, 要中竟. 要作要并得要, 已竟并要已, 更無當要. 當禮應無所著, 名聞無有量, 所語言說, 譬如明月. 明爲弟子得明. 知畏腦, 罪從生能壞幹. 已知五種陰得明成敗, 如有當稽首, 聽佛言行道者當知五陰出入成敗.

譬如人命欲盡在呼吸, 欲死便四百四病中, 前後次第稍發, 便見想生恐畏怖. 夢中見蜂啄木, 烏鵄啄頂腦, 一柱樓上自樂見, 著衣靑黃赤白自身著. 見騎馬人牧(馬*毛)有聲, 持(竺-二+奇)作枕, 聚土中臥, 死人亦擔死人. 亦除潤人, 共一器中食, 亦見是人共載車行, 麻油污泥污足亦塗身. 亦見是時時飲. 亦見墮網中獵家牽去. 或見自身嘻喜歡喜咷. 或見道積蟇子自過上. 或見斂鹵鹽錢. 或見被髮胆裸女人, 自身相牽. 或有灰傅身亦食, 或見狗亦攎猴相逐恐. 或見自身減欲娶嫁. 或時見人家中神壞, 或時見馬來猛鬖髮, 或時見齒墮地, 或時見擔死人衣自著身, 或時自身胆裸爲塗膩, 或見聚土自身轉. 或時見革及旆著衣行, 或時自見家中門弊壞, 車來到多載油花香. 亦見昆弟近自身, 嚴先祖人現麁恐顏色, 欲來取是取共行. 或時塚間行, 遽捨花嬰頸. 或時見自身, 倒墮河水中. 或時見墮五湖九江不得底. 或時見入菅茅中, 裸身相割自敷轉. 或時上樹無有蓏, 無有華, 無有華戲. 或時在壇上舞, 或時樹間行獨樂大美. 亦持若干幹樹破聚薪. 或時入舍, 闇冥不得門出. 或時上山嶄巖悲大哭. 或時烏梲吞足亦蹈. 或時塵坌頭. 或時虎遮斷, 亦狗猴亦驢. 南方行入塚間, 見聚炭髮毛分骨擣碎幹華.
自身見入鹽王, 見鹽王使問, 從後現說世間已得多樂根墮. 或身
墮畏命欲去不得自在. 病追促, 病已促, 意便動, 命盡憂近, 便見
夢令入大怖,

人便意中計, 我命欲盡. 如是夢身所見, 便意怖, 便身殘. 譬如鳥
蹋梲. 己身近極苦相著, 便欲自歸醫. 己親屬昆弟見病劇, 便遣使
到醫舍呼使者行, 便有是相, 不潔惡衣, 長爪·亂鬚髮, 載壞弊車,
著穿弊履, 顔色黑眼青. 車中駕白牛馬, 自手摩扠鬚髮. 呼醫已急
駕車使上, 從後縛束. 但坐惡樂意, 不計好樂. 不念醫病, 已壞身
便墮罪器. 卽遣呼醫, 便念病痛, 不得復活. 何以故. 趣使得相有
如是像, 跓被服語言車, 蓋鬚髮衣. 亦如是諱日來呼, 若四 若六
若九 若十二 若十四來至到, 復觸忌諱日, 人所不喜醫. 復何血忌!
上相四激反支來喚, 是亦不必日時漏刻. 星宿須臾疑人取相. 何
以故. 或時是惡日時漏刻, 有是人行方便, 能治病痛, 病痛有時不
能得治. 是故不必在時日漏刻故, 慧人不亦喜用歷日. 仙人常勸,
當爲求方便治至死. 若病痛橫有病, 可能得活, 若命盡但說去計.
如是可至病痛舍, 從後束結說, 俱入海水, 或到, 或中壞. 病亦比
海, 或愈, 或死. 醫便行至病痛家, 聞聲不可意, 亡燒斷破刺撥刮
刷. 出殺去發滅蝕, 燒斷破刺撥刮刷. 出殺去發滅蝕不可治.
已死視南方, 復見烏鵄巢有聲, 復見小兒俱相坌土, 復胆祼相挽
頭髮, 破瓶盆瓦甌, 亦見空器舍不著意. 行至病者舍, 入見病著
人, 病更惱. 從彼舍來說, 醫便視病, 相遽驚怖驚坐起, 著病無有

力, 不得自在. 見如是便念.

如是經中說死相. 見顏色不如皮皺, 行身如土色, 舌延出, 或語言忘. 見身重骨節不隨, 鼻頭曲戾, 皮黑咤幹. 喉舌如骨色, 不復知味. 口燥毛孔赤, 筋脈不了了. 被髮髮竪, 牽髮不復覺直視, 背臥驚怖, 顏色轉面皺, 髮竪熟視. 或語若干說.

如經說, 餘命不足道. 譬如樹間失火. 亦如六相, 無說所聞見. 若有沐身未浴身時, 譬栴檀香, 或時如蜜香, 或時多核香, 或時那替香, 或時根香, 或時皮香, 或時華香, 或時蒜香, 或時霍香. 或時宿命從行相, 筋香·髮香·骨香·肌肉盟血香·大便香. 或時鵐香, 或時烏香, 或時蚖香, 或時猪香, 或時狗香, 或時狄香, 或時鼠香, 或時蛇香. 或時譬如有人. 或時啄木聲, 或時瓦聲, 或時澁聲, 或時惡聲, 或時鴈聲, 或時孔雀聲, 或時鼓聲, 或時馬聲, 或時虎聲. 亦有說熟死相中, 譬如人死時有死相, 爲口不知味, 耳中不聞聲. 一切卷縮, 脈投血肉, (洟*昜)頰車張, 上頭掉影無有明. 臀肉竪, 眼黑色黑, 大小便不通. 節根解, 口中上朧青雙幟計. 如是病痛相, 不可治. 設鶹鵲亦一切良醫, 并祠祀盡會, 亦不能愈是. 便醫意念, 是病痛命求絕, 應當避已, 便告家中人言, 是病所未所思欲, 當隨意與莫制禁, 我家中有小事, 事竟當遠. 屛語病者家人言, 不可復治. 告已便去. 病痛家已聞醫語便棄藥, 所事方便便止. 親屬知識比隣共會, 還繞病困者, 悲哀哭視, 譬如牛爲屠家所殺, 餘牛見死牛恐自及, 跳場驚怖走入山樹間叫喚. 復譬如猪爲屠家所殺, 餘猪見驚怖畏劾死, 便聳耳直視. 復如魚爲捕魚墮網者, 餘魚見驚怖, 沈走入沙石間(疑/木)藻中藏. 復譬如飛鳥聚行, 一鳥爲鷹鷂所得, 餘鳥驚分散分走. 如是昆弟親屬知識隣里, 見哀離別視命欲斷. 地獄使者已到將入獄, 在斯便轉死, 箭已射已. 生死索行罪便牽往過世. 親屬已還收髮草(糸*絜), 若忙㦬聲滿口不止, 出悲語見愛念. 若干種胞頤(泳-永+羨)潰出, 呼當奈何! 病者不復久.

內見風起名刀風, 令病者散節. 復一風起名遮風, 令病者斷結. 復一風起名鍼風, 令病者筋緩. 復一風起名破骨風, 令病者骨髓傷. 復一風起名藏風, 令病者眼耳鼻孔皆青, 髮毛出入一切是孔令壞斷拔捨. 復一風起名復上風, 令病者內身, 膝·脇·肩·背·胸·腹·臍·小腹·大腸·小腸·肝·肺·心·脾·腎, 亦餘藏令斷截. 復一風起名成風, 令病者青血·肪膏·大小便生熟熱寒澀, 令幹從處却. 復一風起名節間居風, 令病者骨骼直掣振. 或時擧手足, 或把空, 或起, 或坐, 或呻號, 或哭, 或瞋. 已散節, 已斷結, 已筋緩, 已骨髓傷, 已精明等去. 裁身有餘在, 心已冷如木, 已棄五行. 并心中羸羸, 裁有餘微. 譬如燈滅有餘明, 裁心有餘, 但有微意識.

是人本所行好醜罪福, 心便見. 今世若有好行意便喜. 若惡卽時慚. 得好處者意喜. 墮惡處者意卽愁慚. 譬如人照淨鏡盡見面像, 髮白皮皺生體垢塵, 或齒墮, 或塵齒, 見身從老, 屢如是卽自慚, 閉目放鏡不欲見. 以放鏡憂愁. 我已壯去老, 到顔色醜, 樂已去. 如是素行惡, 在意從惡行, 便憂愁悔, 受苦惱, 不可意自責. 今我墮惡處爲無有疑.

若如行者, 行三好, 若干守行願. 最好行者多好, 卽時喜多喜意可
自喜, 我今上天亦好處. 譬如賈客, 從澁道得脫出, 得多利, 歸家
到門喜. 亦譬如田家願, 獲五穀著舍中. 亦如病痛得愈安隱. 亦如
負債已償. 素行好亦如是合好行. 譬如蜜蜂便意生我已到好處,
卽時, 身·精·識滅, 中便有陰. 譬如稱一上一下. 如是捨死受生
種. 譬如種禾根生雙. 如是中時, 滅識卽時中生五陰具足不少. 死
陰亦不中得五陰往. 亦不離死五陰, 爲有中五陰. 有但死五陰, 故
中五陰生, 譬如人持印, 印好埿, 埿中便有印, 像印亦不往至埿,
埿亦不離印像. 譬如種生根, 種亦非根, 根亦不離種. 人神亦如
是. 小大如法, 從生往至中, 從是本會有. 好行者中得好五陰, 惡
行者得惡中. 得陰者爲天眼行. 中止者爲三食, 樂·念·識. 中止者
或住一日, 或住七日止, 到父母會, 亦所墮處從中止. 當到所墮卽
死時, 已生中陰, 便生千思, 或見念便癡生.
最惡行者便自然大火邊. 亦若干百千鳥鵶鷹鷂共會, 亦見人惡爪
面齒被服然頭, 爲手中行若干種毒. 身自見遠叢樹, 便意生入中,
便中陰滅, 生所墮處, 卽時不久便見刀葉樹墮中, 是名爲地獄.
五陰生入罪, 咸所惡行, 便見猛煙·塵·火·風·雨來著身. 復見象·
師子·虎·蚖自恐身. 亦見丘井亦合後, 亦止絕崖岸. 生意入中, 便
捨中陰身, 已意生便滅, 中陰墮處生, 卽時不久到畜生. 後現行極
癡無有禮, 持惡意向父母. 常喜可麁言, 瞋恚, 縛捶, 行惡. 是人不
與取, 便墮畜生.
罪輕減便生熱風, 命飢惱身刀矛鑽繞. 還人亦見大坑, 意生當入.

是卽意生, 便滅中陰, 受所墮處陰, 便卽時墮餓鬼. 如是墮名爲餓鬼. 從有說行, 兩賤賊人共語, 亦讒失誠誣妄論議. 一切食不避惡不淨. 從善還不行法語, 便墮盟血唾涌泥. 是名爲墮餓鬼處.

行最好者得最善樂, 亦得香風吹, 若干種華見自散身, 若干種伎樂聲相隨, 若干種樹在園中. 意生卽入時, 意已生便中陰滅, 所應墮陰受生, 便卽時受上天身. 如是墮天上, 有福行者, 墮應上天. 已有不離法是爲墮天種.

若墮人中, 從本行受殃福. 父母亦聚會. 夙行應男從生, 福亦止等, 同時父母收精胞門不堅, 從風熱寒, 亦不染亦不邪曲, 亦不屢亦不澁, 亦不汁思飯不起, 不慢不殺胞門. 亦不像栗, 不像輪, 亦不像狸, 亦不像麥. 中央亦不像自剛鐵, 中央亦不像錫, 中央一切門無有惡精, 亦不薄, 亦不厚, 亦不腐, 亦不黑, 亦不赤, 亦不黃. 乘色亦不散. 亦不風血寒熱雜, 亦不小便合精. 神已止精, 神念往意生欲. 却男自身代共樂羸人. 羸人便惡父喜母. 已喜不喜增意生. 當却是男欲獨與羸人共樂. 已卽跓胞門, 意生已却男. 我已羸行禮, 父母卽時墮精. 神便到意生爲是我精, 卽可意喜生. 已喜生中跡滅, 便在精血生. 識在精中復生愛中, 愛識不墮精. 但從本復生愛識.

精是兒身. 所愛在精生, 是爲痛痒種, 已知爲精. 爲精者爲思想種所本. 行念爲生死種. 已知精爲識種. 是爲五種要, 卽時得兩根. 身根心根, 精已七日不滅. 二七日精生, 薄如酪上酥肥. 三七日精凝, 如久酪在器中. 四七日精稍堅, 如酪成. 五七日精變化, 如酪酥. 六七日如酪酥, 變化聚堅. 七七日變化聚堅藏, 譬如熟烏麩.
八七日變化減烏麩, 譬如磨石子. 九七日在磨石子上生五䏚, 兩
肩相・兩臏相・一頭相. 十七日亦在磨石子上生四肘, 兩手相, 兩
足相. 十一七日亦在磨石子上生二十四肘, 十在手指相, 十在足
指相, 四在耳・目・鼻・口止處相. 十二七日是肘爲正. 十三七日爲
起腹相. 十四七日心・脾・腎・肝・心生. 十五七日大腸生. 十六七
日小腸生. 十七七日胃生. 十八七日生處・肺處・熟處. 十九七日
䯊・膝・足・臂・掌節・手足趺約. 二十七日陰・臍・乳・頸・項形. 二
十一七日爲骨髓應分生, 九骨著頭, 兩骨著頰, 三十二骨著口, 七
骨著咽, 兩骨著肩, 兩骨著臂, 四十骨著腕, 十二骨著膝, 十六骨
著脇, 十八骨著脊, 二骨著喉, 二骨著臏, 四骨著脛, 十四骨著足,
百八微骨生肌中. 如是三百節從微著身, 譬如瓠. 二十二七日骨
稍堅, 譬如龜甲. 二十三七日精復堅, 譬如厚皮胡桃. 是爲三百節
連相著. 足骨連腨腸, 腨腸連臏骨, 臏骨連背脊腰骨, 連肩, 肩連
頸脏, 頸脏連頭頤, 頭頤連齒. 如是是骨聚魂礧骨城, 筋纏血, 澆
肉, 塗革覆. 福從是受, 靡不知痛痒, 隨意隨風作俳㓼. 二十四七
日爲七千筋纏身. 二十五七日生七千脈, 尚未具成. 二十六七日
諸脈悉徹具足成就, 如蓮花根孔. 二十七七日三百六十節具. 二
十八七日肉栽生. 二十九七日肉稍堅滿. 三十七日皮膜成臟. 三
十一七日皮膜稍堅. 三十二七日脽李肌生. 三十三七日・耳・鼻・
腹・脾・脂, 節約胗現. 三十四七日身中皮外生九十九萬孔. 三十
五七日九十九萬孔, 稍稍成現. 三十六七日爪甲生. 三十七七日

母腹中若干風起, 或風起令目·鼻·口開, 已開入. 或復風塵起, 令
髮毛爪生, 端正亦不端正. 或復風起盛肌色, 或白, 或黑, 或黃, 或
赤, 好不好. 是七日中腦·血·肪·膏髓熱寒, 洟大小便道開. 三十
八七日母腹中風起, 令得如宿命行好惡. 若好行者便香風起, 可
身意令端正可人. 惡行者令臭風起, 使身意不安不可人. 骨節不
端正, 或(月*(廿/(冂@儿)/戌))(月*庚)或僂或(身*宛)或魋人見可
是. 三十八七日爲九月不滿四日, 骨節皆具足.

兒生宿行有二分, 一分從父, 一分從母. 或時毛髮·舌·咽·臍·心·
肝·脾·眼·尻·血從母, 或爪甲·骨·大小便. 脈·精·若餘骨節從
父. 宿行從母受生,

熟在下, 生在上, 兒在左脇, 背向前, 腹向後, 女在右脇, 腹向前,
背向後. 止處臭惡露, 一切骨節卷縮在革囊, 在腹內血著身, 在外
處大便肥長.

九月餘有四日, 一日二日中, 若宿行好, 便意生我在園中意計, 若
在天上. 若惡行者, 意生我在獄止, 二日意在三日中. 卽腹中樂三
日, 意在四日中. 一日一夜母腹中上下風起, 兒從是風倒頭向下,
足在上, 墮母胞門中. 宿行好於母胞門中, 意生墮池水, 池水中
戲. 復意生在高床上, 若香華中. 宿命行惡者, 意生從山墮樹上,
墮岸上, 墮坑中, 墮溷中, 墮蒺(廿/梨)中, 墮網中, 墮茅中, 墮刀矛
欄中, 從行憂惱忽忽. 亦從喜從樂名聞, 好惡行, 自縛身, 在所到,
自更得便出. 旣爲胞門所纏裹, 產戶急笮墮地中風復. 爲人溫湯
所洗手麁身, 遍痛如瘡. 從是便忘宿行, 腹中所更.

已生, 從血臭故, 便聚爲邪鬼魅飛屍, 各(魅-未+屬)魅, 蠱魅魑行,
父亦如是. 譬如四街有一臠肉, 爲鴟·鳶·烏鵲衆鳥所爭, 各自欲
得耶? 環繞嬈人如是, 有宿行好耶? 不能得著. 宿行惡耶? 能得著.
生未久, 母便養乳, 稍稍大, 便飲食. 已能飲食, 八十種蟲生身中.
二種髮根生, 三種著頭. 一種著腦, 二種著中腦. 三種在額. 二種
著眼根. 二種著耳, 二種著耳根. 二種著鼻根. 二種著口門, 二種
在齒, 二種在齒根, 一種在舌, 一種著舌根, 一種著口中上齶. 一
種在咽. 二種在膝下. 二種著臂根. 二種在手. 一種著肘. 二種著
脾. 一種著心. 一種著乳根. 一種著脊根. 二種著脇. 二種著背.
一種著臍根. 一種著皮, 二種著肉. 四種著骨, 五種著髓. 二種著
大腸, 二種著小腸. 一種在熱處, 一種在寒處. 一種在大便道, 三
種在大腸根. 二種著臙根. 五種著陰根. 一種著指節約. 一種在
脛. 一種在膝頭. 一種在足蹠.
如是八十種蟲著身中, 日夜食身. 身便生寒·熱·風病各百一, 雜
餘病復有百一. 如是并四百四病在身中. 譬如木中出火還燒木,
病亦從身生, 如是但壞身無有異. 如是從內壞病亦中, 勿復問.
從外惱常壞惱今世, 現在身常著衰. 世間人不聞者, 意計身(仁-二
+樂), 但不至誠見故. 髮毛·爪·齒·心·肉·肌·骨·清血熱惱, 生·
熟·涕·唾·屎·尿從身流, 非常亦不淨, 癡人計爲淨. 都盧兒撥肌
合栽, 如一酸棗爲裹著身. 從如是酸棗肌. 癡不聞者, 世間人得調
身, 自壞墮惱. 譬如魚但見餌, 不見鈎不見網. 復譬如小兒舐利刀
蜜, 但嗜甜不見刀刃. 復譬如金錯塗銅賣欺人, 癡人不覺, 以爲純

金故, 買爲自侵. 如是世間人, 或見如酸棄肌裏身, 從受若干惱不
覺. 如是酸棄肌發去, 但有肉·骨·血在. 人足踐蹋常惡不敢視. 誰
敢抱持者! 素行殃福已盡, 或時橫命盡. 如陶家作器, 或時在拘.
或從(革*(罩-卓+瓦)), 或從行輪. 或已行, 或在幹流時, 入竈火燒
時, 或已熟出時, 或給用時, 要會當壞. 人身亦如是, 或從墮腹中,
或不成根去, 或不具根去. 或臨生時去, 或適生去, 在學業時去.
或時從十六至三十·八十 百歲. 或不啻久久, 要會當死. 陰如是
定不久. 有生輒滅, 擧足滅下足滅. 世間人不聞者自計, 小時身,
壯時身, 老時身, 爲是我身. 與行道者意異. 行道者從是有是, 從
無有是無有是, 何等爲從是有是從罪行有死中! 從中識墮業薄從
薄凝, 從凝稍堅六根. 從六根便生, 從生兒身. 從兒身壯長, 從壯
長得老病死身, 如是常隨. 如是世間輪不斷 無所屬, 空·如幻, 逐
不止. 譬如火起城中, 火風吹舍舍相燃. 第一舍火非第二舍火. 亦
不啻但爲上舍已燃, 次舍復燃, 如是轉延, 生死亦如是. 是因緣無
有是亦無有是, 是滅是亦滅. 何等爲無有是亦無有是? 素行殃福
無有死中亦無有. 已無有中當那得往! 已不得往當那得生! 已不
得生 當那得老病死! 生死如流水, 不行生死業便止. 行道者當知,
是五陰本從生滅.

道地五種名爲成壞章也.

# 제6장 수행의 차제 행에서
# 신족행 – 지관설명

지혜가 청정하여 마치 물처럼 마음에 스며들어가 악을 파괴하니, 나무(수행자의 몸을 비유)는 종자(원인)·꽃(결과)에 (집착을) 버리고 세상을 제도하고 일체공덕을 갖춘 색신(功德聚)을 즐거워한다. 시원한 바람을 즐기며 허물이 없고, 자신의 (자성부처님께) 귀의한다. 일심은 어디에 있는가! (세상에 물든 생사의 마음에는) 있지 않다. 지관止觀의 마음은 마치 저울처럼 (세상에 물든 생사의 마음을) 끌어당겨 섭심(마음을 하나의 경계에다 집중)을 하게 한다. 경에서 "지관은 세상의 지혜이다."라고 한 것을 들었다. (천상천하 일체가 부처님께) 차수를 하고 머리를 조아리니, 삼계(욕계·색계·무색계)에서도 모두 그분께 예배를 한다.

때로는 수행자는 먼저 지止에 머무르고 바로 관觀을 얻는다. 때로는 수행자는 응당 지관을 얻어야 하므로, 먼저 지止를 얻고 (관에) 머무른다. 만약 수행자가 마음을 집중한다면 이미 (지를) 얻었으니, 응당 관觀에서 해탈을 얻어야 한다. 만약 수행자가 관을 이미 만족하였다면 마땅히 지止에서 해탈을 얻어야 한다.

지·관은 서로 어떠한가? 만약 마음이 한 인연에 머물러 있다면 지止이고, 지止는 부동이지 않겠는가! 혹은 다른 생각을 하면 그것은 지상止相이다. 만약 지처止處에 치우쳐 분별한다면 치우쳐버린 상相과 같다. 사유를 관하고 느낌의 작용이 있다면 그것은 관상觀相이다. 비유하면 금을 산 집에서 금을 보고 시험해보지 않은 것이다. 이와 같은 것은 지止에 해당한다. 만약 금을 갖고 시험해 안다면 이 금은 어느 국가에 어느 곳에서 (생산되었고), 잡스런 동이 섞였고 진짜가 아니라거나, 돌의 색이 좋고 못나고 길고 짧고 둥글고 네모난 것을 (용액에) 적시면 또한 다른 흠집이 있는 것을 안다. 관觀의 비유는 이와 같다. 비유하면 꼴을 베는 사람이 왼손에 꼴을 잡고 오른손에 낫을 쥐면 바로 꼴이 끊어지는 것과 같다. 저 비유의 꼴은 지止에 해당한다. 꼴을 끊는 것은 관觀에 해당한다. 비유하면 수행자가 (백골관白骨觀으로) 해골을 보았는데 정견으로 보고 익숙하니, 만약 눈을 떠도 (해골만) 보이고 눈을 감아도 또한 (모두 해골로만) 보이고 또한 다른 게 없는 것과 같다. 이것은 지止에 해당된다. 만약 분별하여 관한다면 머리뼈가 다르고, 아래턱뼈가 다르고, 치골齒骨이 다르고, 목뼈가 다르다. 팔·손·옆구리·목구멍·무릎·발뼈를 이와 같이 관觀하고, 이와 같이 연결된 뼈를 보지만, (이는) 네 가지 인연에 의해 있는 것이다. 무엇이 네 가지인가? 음식(食)·예의(禮)·행行·합쳐짐(合)인데, (사람 몸의) 뼈를 보면 무상(非常)하고 고苦이고 공이고, 자아의 존재가 없고(무아), 더러움에서 태어나 무소유(소유할 것이 없음)이다. 이것은 관觀에 해당된다. 지관을 해야 한다고 들으면(배우면) (일체의) 상을 분별하지 않는다. 이것은 지止이지만, 분별한다면 그것은 관觀을 위한 지止의 마음이다.

물음: 행자는 어떤 행을 지녀 지止의 마음을 얻는가?

회답: 약간의 원인을 행하게 되면 지止의 마음이다. 들은 설법에 의하면 지止의 마음에는 두 가지 인연이 필요하며, 방편의 행에서 지止의 마음을 얻는다고 하였다. 첫째 악로(惡露: 더러움)를 생각하고, 둘째 안반수의를 생각한다. 어찌 악로를 행하겠는가! 이 외에 수행자는 의념意念이 평등하여 일체 사람을 안온하게 하며, 바로 부친의 수목장樹木葬으로 가 이르게 되면 곧바로 (관을) 행하니, 죽은 지 하루 된 자의 시체를 관한다. (죽은 지) 7일에 이른 자는 (시체가 부패되어) 팽창한 것이고, (시체가 비바람이나 태양에 침식되어 푸르게 변색된) 청색인 것이고, (시체가 부패되어 썩고 피가 흘러) 마치 피를 칠한 것 같고(如盟者)[49], 반은 썩은 것이고, 살이 다 없어진 것이고, 피가 씻긴 것이고, 뼈와 뼈가 붙어 연결된 것이고, 힘줄에 감싸진 것이다. 만약 희거나 사면으로 분산되었다면 (그것들은) 손이 파괴되고 (형체를) 셀 것이 없기도 하다. 비유하면 집비둘기의 색(몸)과 같다. 저 수행자는 자유롭게 (썩은 시체의 부분) 하나를 선택하여 (관조의 의념을) 펼친 마음을 알게 되니, 오래지 않아 마음은 지止에 머무르고, (지止의) 마음을 펼친 곳에서 철저히 진리에 순응하여

---

49 본 경전의 원문에선 "여맹자如盟者"라고 표기하였는데, 문맥상 "도塗"의 오자로 생각되어 "여도자如塗者"로 해석을 하였다. 왜냐하면 여기에선 죽은 지 7일된 시체의 아홉 가지 관상觀想 중의 혈도상血塗相을 설명하였기 때문이다.

관조(諦觀)를 한다. 만약 자신이 안다면 지금은 (진리에 순응하며 관조하고 의념을) 펼친 곳이다. 이 외에 또 있는 곳을 스스로 본다. 멀리 보이는 것도 또한 그와 같다. 이 (한적한) 빈곳의 어느 한곳에서 바로 정좌正坐[50]를 하고 바로 (진리에 순응하며 관조하는 의념을) 본다. (진리에 순응하며 관조하고 의념을) 펼친 인연처럼, (세간 인연의) 땅에서 본 것에 따르는 것도 또한 그와 같아서 바로 (세상사를) 행하여도 (성내면서 큰)소리를 낼 곳도 없고 (성내면서) 말할 곳도 없다. 사람이 (한적한) 빈곳의 어느 한곳에서 바로 정좌正坐를 하고 바로 마치 위의 오래된 곳처럼 보니, 의념의 생각은 다른 것이 없다. 만약 수행자가 (관조의 의념을) 펼친 인연에서 (홀연히 관조의 의념을) 잃고 느끼지 못한다면 마음에 (관조의) 의념이 생기지 않아 바로 또 부친의 수목장으로 가 이르게 되면, (관조의) 마음에 펼쳐진 인연의 상相을 느끼고 마음을 (고요히 가라)앉게 한다. 또한 (관조의) 의념을 버리지 않고 항상 (관조의 의념을) 있도록 이끈다. 만약 수행자가 마음의 인연을 펼치기에 (관조의 의념이) 앞선다면 출입의 원행遠行에서 항상 마음이 지止이고 떠나지 않는다. 이미 주야로 (관조하는) 마음에 있어 반 개월이고 1개월이고 1년이기도 하다. 또 단지 (지止를) 행하는 것만이 아니라서 수행을 잃지도 않는다. 수행을 할 때가 지止를 할 때이고, 홀로 앉아 좌선을 할 때이고, 많은 대중에서는 함께 좌선을 할 때이다. 병들어 피곤할 때와 체력이 있을 때도 연계하여 항상 (관조의) 의념을 따르고 마음의 인연을 펼치기에 앞서 (지관에) 머무

---

50 여기에 정좌正坐는 일반적으로 말하는 "바르게 앉음"이 아니고, 좌선坐禪을 일컫는다.

른다. (세간) 인연의 생각만을 펼치게 되면 이와 같이 무상(非常)하고, 만약 공이면 자아의 존재가 없고 더럽고 무소유(소유할 것이 없음)이니, 본래의 인연처럼 의식이 행하는 바(意行)의 (관조의) 의념을 펼치면 (지止와) 다를 게 없는 것이다. 만약 자기의 마음이 펼쳐진 곳에 (관조하는 의념이) 있다면 자재를 얻고 바로 내면의 울림을 지니(持響)어 자신의 몸을 관한다. 만약 죽은 시체를 관한다면 또한 자신의 몸도 (그와) 같고 다를 것이 없으니, 즉 만약 남자를 보거나, 수척한 사람을 보거나, 만약 노년·장년·소년을 보거나, 만약 단정하지 못하거나 어깨가 벗겨진 나체이거나, 옷을 입었거나 장엄을 했거나, 만약 저 사람이라 해도, 또한 (인생의 무상함은 모두 같아) 그러하다. (관조의) 의념을 펼친 것처럼 만약 의념이 가있는 곳이라면 가있는 곳의 일체는 (관조의 의념과) 다를 것이 없으니, 바로 이미 악로(惡露: 더러움)를 생각함으로써 지止의 마음을 얻는다. 이때 마음은 수행을 따른 의념을 버리지 않고 수행이 증가하고 원만하니, 비유하면 강물이 바다에 들어가는 것과 같다.

道地經神足行章第六

慧清入心如水破惡, 從樹離種花, 度世樂功德聚. 涼風可樂無有
過自歸. 一心何在! 在不中. 止觀意如稱攝鉤牽. 聞經中止觀世間
明. 叉手持頭面, 從三界皆作禮彼.

或時行者居前止, 便得觀. 或時行者當得止觀, 居前得止. 若行者
止意已得, 應從觀得解. 若行者觀已足, 當應從止得解.

止觀相云何? 若意在使一因緣止, 止不動不! 或念餘, 是應止相.
若在止處偏分別, 偏去如相. 觀思惟, 如有受, 是應觀相. 譬如買
金家, 見金不觀試. 如是應止. 若持金試知, 是金某國某處, 雜銅
不真, 知石色好醜, 長短, 圓方, 濡亦餘病. 觀譬如是. 譬如人刈芻,
左手把芻, 右手持鎌便斷芻. 彼譬如把芻是應止. 如斷芻是應觀.
譬如行者見髑髏熟諦視, 若如開目見, 閉目亦見, 亦爾無有異. 是
應止. 若分別觀頭骨異, 頷骨異, 齒骨異, 頸骨異. 臂·手·脇·胸·
膝·足骨如是觀, 如是見骨連, 從四因緣致有. 何等爲四? 食·禮·
行·合, 骨見非常苦空非身, 從不淨生無所有. 是應觀. 要聽止觀,
相不分別. 是爲止, 分別是爲觀止意.

行者持何等行, 得止意?

報, 若干因行止意. 聽說要止意二因緣, 方便行得止意. 一者念惡
露, 二者念安般守意. 惡露行云何! 是間行者等意, 念一切人令安
隱, 便行至父樹, 便行至觀死屍一日者. 至七日者腨脹者, 青色
者, 如盟者, 半壞者, 肉盡者, 血洗者, 骨骨連者, 筋纏者. 若白若解

散四面, 無有數手破. 譬如鴿色. 彼行者自在取一, 數意令知, 不
久意著止, 令意在數處熟諦觀. 若自知, 如今是數處. 是間在又處
自見. 遠在所見亦如是. 是空處一處, 便正坐便見. 如數因緣, 在
地所見隨亦如是, 便行無有聲處, 無有說處. 入空處一處便正坐,
便見如上久處, 令意見念無有異. 若行者從數因緣失不受, 念意
不生, 便復往至父樹, 令意受數因緣相, 令意坐. 亦引不離念常
在. 前若行者意數因緣, 出入遠行常在意止不遠離. 已晝夜在心,
令半月 一月 一歲. 復不啻令行不失行. 令行時 止時, 坐獨坐時,
多衆中共坐時. 病疲時, 有力時, 連隨常念數意因緣在前住. 令數
因緣念, 如是非常, 若空非身, 不淨, 無所有, 令如本因緣數意行,
念無有異. 若已意在數處得自在, 便持響自身觀. 若見死屍亦自
身等無有異, 便若見男子, 若見羸人, 若見老, 若壯, 若少年, 若不
端正, 若胆裸, 若著衣, 若莊嚴, 若彼亦爾. 如數念處. 若意念所在,
所在一切無有異, 便已應從念惡露得止意. 是時意隨行, 念不離,
行增滿, 譬如河入海.

# 제7장 수행의 차제 행에서 몸에 대한 55관觀

불도를 행하는 자는 마땅히 쉰다섯 가지 인연으로 스스로 몸을 관觀해야 한다.

(1) 이 몸은 비유하면 물거품과 같아 (영원히) 붙잡을 수가 없다. (2) 이 몸은 비유하면 큰 바다와 같아 5락五樂[51]을 싫어하지도 않고 만족하지도 못한다. (3) 이 몸은 비유하면 큰 강과 같아 매일 (드넓은 삶만을) 원하다가 죽음의 바다에 이른다. (4) 이 몸은 비유하면 대변과 같으니 지혜로운 사람은 원하지 않기 때문이다. (5) 이 몸은 비유하면 모래성과 같아서 빨리 무너지고 흩어져 (죽음으로) 가버린다. (6) 이 몸은 비유하면 폐허의 성에서 많은 원수를 만나는 것과 같다. (7) 이 몸은 비유하면 허깨비 성과 같아서 스스로 존재하지도 못하고

---

51 5락五樂: 안(눈)·이(귀)·비(코)·설(혀)·신(몸) 등의 5관五官의 대상인 색(물질)·성 (소리)·향(향기)·미(맛)·촉(감촉) 등의 대상으로부터 일어나는 다섯 종류의 욕정 의 즐거움을 말한다.

또한 (영원히 무소유라서) 갖지도 못한다. (8) 이 몸은 비유하면 뼈와 같아서 살이 연결되고 피가 칠해져 있다. (9) 이 몸은 비유하면 낡고 파괴된 수레와 같으니 힘줄에 감싸졌기 때문이다. (10) 이 몸은 비유하면 집고양이와 같아서 탐욕·성냄·어리석음이 쌓여 있다. (11) 이 몸은 비유하면 황폐된 연못 속과 같아 항상 어리석고 죽어서 잃게 된다. (12) 이 몸은 비유하면 선한 마음을 잃어 항상 잊어버리는 것과 같다. (13) 이 몸은 비유하면 느릅나무와 같아 108가지 애착을 행한다. (14) 이 몸은 비유하면 깨진 병과 같아서 항상 물이 샌다. (15) 이 몸은 비유하면 화병과 같아서 안이 잡스럽고 가장 악한 게 가득하다. (16) 이 몸은 비유하면 (겉보기에) 깨끗한 돼지우리와 같으니 9문(몸에 있는 아홉 가지 구멍) 때문이다. (17) 이 몸은 비유하면 (요란한) 수레의 소리와 같아 병색인 사람이 싫어하기 때문이다. (18) 이 몸은 비유하면 허깨비와 같아 어리석게 진리를 계책한다. (19) 이 몸은 비유하면 학질과 같다. (20) 이 몸은 비유하면 마음과 같이 고苦를 집착하기 때문이다. (21) 이 몸은 비유하면 썩은 곡물의 집과 같으니 (대장에서) 음식이 썩기 때문이다. (22) 이 몸은 비유하면 큰 동굴과 같아 벌레가 많고 벌레가 많이 머무른다. (23) 이 몸은 비유하면 해골(骨)과 같고 지껄인 죄가 여우·원숭이가 가득 찬 것처럼 (자신의 죄업을) 잃지 않는다. (24) 이 몸은 비유하면 굽지 않은 그릇과 같아 빨리 파괴되기 때문이다. (25) 이 몸은 비유하면 하나의 자루에 두 입구가 있어 깨끗한 게 들어가 더러운 것이 나오는 것과 같다. (26) 이 몸은 비유하면 뼈대와 같아 더러운 옷을 걸친 뼈대이다. (27) 이 몸은 비유하면 수레와 같아 항상 굴러가다가 장지葬地에 이른다. (28) 이 몸은 비유하면 이슬·안개와 같아 오래 머무르지 못한다. (29) 이 몸은 비유하면 부스럼과 같아서 항상 (더러움이) 흐른다. (30) 이 몸은 비유하면 소경과 같아 진리를 모른다. (31) 이 몸은 비유하면 404가지 병이 있는 곳과 같다. (32) 이 몸은 비유하면 구덩이와 같아 일체 더러움이 모인다. (33) 이 몸은 비유하면 땅구멍과 같아 독사가 머무르고 (독사를) 만난다. (34) 이 몸은 비유하면 허공과 같으나, (허공을 잡고자 하는) 어리석은 사람이 속는 바이다. (35) 이 몸은 비유하면 무덤가와 같아 항상 무섭고 두렵다. (36) 이 몸은 비유하면 호랑이·사자가 함께 사는 것과 같아 (비난의 소리에 참지 못하고) 갑자기 성을 낸다. (37) 이 몸은 비유하면 전도의 병이 가득한 것과 같으니 88결(번뇌)을 행하기 때문이다. (38) 이 몸은 비유하면 항상 무서움을 칠한 죽음과 같으니, 이 몸은 비유하면 동에다 금을 칠해 근육의 몸을 덮었기 때문이다. (39) 이 몸은 비유하면 빈공간과 같아서 항상 안에 미세한 번뇌의 6쇠(六衰, 6경)가 쌓인다. (40) 이 몸은 비유하면 아귀와 같아서 항상 음식을 찾는다. (41) 이 몸은 비유하면 두려운 곳과 같아 항상 늙고 병들고 죽는다. (42) 이 몸은 비유하면 썩은 해골과 같아서 항상 옷으로 감싸고 있다. (43) 이 몸은 비유하면 원수의 집과 같아서 항상 악인연을 만나는 일을 성사시킨다. (44) 이 몸은 비유하면 가타나무(迦陀樹) 껍질 속과 같아서 중앙은 비어 있지만 어리석은 사람은 이것(자기 몸)이 가장 중요하다고 생각을 한다. (45) 이 몸은 비유하면 작은 태胎를 많이 싣고 (다생의 겁 동안 윤회의) 강을 건너는 것과 같다. (46) 이 몸은 비유하면 썩은 자루와 같아서 비린내가 난다. (47) 이 몸은

비유하면 깊은 어둠과 같아서 62가지 의혹의 견해(疑)가 자신을 지키
지 못한다. (48) 이 몸은 비유하면 질투를 좋아하여 (스스로 질투를)
받아들이지 않을 수가 없다. (49) 이 몸은 비유하면 썩고 낮은 담벼락
과 같아서 악념惡念의 인연을 (쉽게) 따른다. (50) 이 몸은 비유하면
번뇌와 결합하여 (마음) 안에 (마구니) 악惡이 있다. (51) 이 몸은
비유하면 의외로 생각지 못하고 항상 바깥 번뇌를 집착한다. (52)
이 몸은 비유하면 의지할 것이 없는 것과 같다. 마치 의지할 집이
없는 것과 같아 좋아하든 좋아하지 않든지 간에 일체에 잡스런 모래가
끼어 있다. (53) 이 몸은 비유하면 가까이할 수가 없으니, 가까이
하면 항상 파괴되고 부서진다. (54) 이 몸은 비유하면 보호할 수
없으니, 수시로 병들고 일체의 잡스런 모래(병을 의미)가 끼어 있다.
(55) 이 몸은 비유하면 스스로 돌아갈 곳이 없으니, 죽음이 왔을
때 떠나지 않을 수 없기 때문이다.

- 도지경 끝 -

🦋

道地經五十五觀章第七

行道者當爲五十五因緣自觀身.

是身爲譬如沫不能捉. 是身爲譬如大海, 不厭不足五樂. 是身爲譬如大河, 日願至死海. 是身爲譬如大便, 慧人不欲故. 是身爲譬如沙城, 疾壞散去. 是身爲譬如會壞城多怨家. 是身爲譬如化城, 不自有亦不可取. 是身爲譬如骨關肉血塗. 是身爲譬如弊壞車筋纏故. 是身爲譬如家猫 貪恚癡聚. 是身爲譬如荒澤中常癡失亡. 是身爲譬如忘, 善意常忘失. 是身爲譬如榆, 百八愛行. 是身爲譬如破瓶常漏. 是身爲譬如畫瓶, 內雜最惡滿. 是身爲譬如清涸九門故. 是身爲譬如軒血人所惡故. 是身爲譬如幻, 癡計諦. 是身爲譬如疥. 是身爲譬如意著苦故. 是身爲譬如腐穀舍, 飲食壞故. 是身爲譬如大窟, 多蟲多蟲止. 是身爲譬如骨㘞, 罪如滿狐猴不失. 是身爲譬如不熟器疾壞故. 是身爲譬如一囊兩口, 淨入不淨出. 是身爲譬如幹垢 裳衣幹. 是身爲譬如車, 常行至葬地. 是身爲譬如露霧, 不久止. 是身爲譬如瘡上漏. 是身爲譬如盲, 不知諦. 是身爲譬如處, 四百四病. 是身爲譬如坑 一切不淨聚. 是身爲譬如地孔, 龜止會. 是身爲譬如空把爲癡人所欺. 是身爲譬如塚間, 常可畏可怖. 是身爲譬如虎師子共居, 瞋恚忽然. 是身爲譬如顛疾盛, 八十八結行故. 是身爲譬如恒常塗畏死. 是身爲譬如銅塗金肌覆故. 是身爲譬如空聚, 常中細六衰. 是身爲譬如餓鬼, 常求食飲. 是身爲譬如畏處 常老病死. 是身爲譬如腐髑髏 爲常衣洏. 是身爲譬如怨家, 常成事逢惡因緣. 是身爲譬如迦陀樹皮, 皮中央無所有. 癡人意是爲最重. 是身爲譬如度, 載多胎小. 是身爲譬如腐囊腥臭. 是身爲譬如深冥, 六十二疑不自守. 是身爲譬如喜妬, 不可不得不受. 是身爲譬如腐垣壁, 從惡念因緣. 是身爲譬如結垢, 內有惡. 是身爲譬如不意, 常著外衰. 是身爲譬如無所依, 如無所依舍, 愛不愛磣一切. 是身爲譬如不可近, 近常破碎. 是身爲譬如無有能護, 時時爲病磣一切. 是身爲譬如無有自歸, 死來時不得離故.

道地經一卷

● **석법성**(釋法性, 趙明淑)

서울 출생. 대만臺灣 보인대학교輔仁大學校(Fu Jen Catholic University) 철학과, 同校 철학연구소 석·박사과정을 졸업하고 철학박사(Ph.D.)학위를 취득하였으며, 대한불교조계종 포교원 포교연구실 사무국장을 역임하였다.

저서 및 역서로 『대지도론』(전5권), 『수구즉득다라니』, 『사망학』, 『다음 생을 바꾸는 49일간의 기도』, 『아미타경과 아미타수행법』, 『어떻게 성불할 것인가(顯密圓通成佛心要集)』(공역), 『대승기신론』, 『불자가 꼭 읽어야 할 기본경전』, 『마음을 관해야 진정한 깨달음에 들 수 있다(觀心論)』, 『선수행자가 꼭 읽어야 할 대승선경(大乘禪經)』, 『선비요법경(禪秘要法經)』 등이 있다.

**禪典叢書 7 안반수의경**

초판 1쇄 발행 2018년 6월 30일 | 초판 2쇄 발행 2022년 12월 5일
안세고 한역 | 석법성 역주 | 펴낸이 김시열
펴낸곳 도서출판 운주사

  (02832) 서울시 성북구 동소문로 67-1 성심빌딩 3층

  전화 (02) 926-8361 | 팩스 0505-115-8361

ISBN 978-89-5746-522-6 94220
ISBN 978-89-5746-293-5 (총서)          **값 17,000원**

http://cafe.daum.net/unjubooks 〈다음카페: 도서출판 운주사〉